U0067863

循吏、山長、教官：

清代臺灣儒學人物論

林耀潾 著

天空數位圖書出版

目次

第一章

陳璸的儒學思想與實踐——
以臺灣縣及臺廈道任內為範圍的考察

第一節　前言

　　陳璸字文煥，廣東海康縣人，清順治十三年（明永曆十年，西元一六五六年）生，清康熙五十七年（西元一七一八年）十月初三日卒於福建巡撫官署，享年六十三。康熙三十三年進士。三十八年十月，選授福建福州府古田縣知縣。康熙四十一年三月，調臺灣縣知縣。四十四年五月，補刑都雲南司主事。四十五年正月，陞本部山西司員外郎。四十六年五月，任兵都車駕司郎中。四十八年二月十五日，提督四川學政。四十九年四月，赴福建臺灣廈門道任。五十四年四月之湖南巡撫任，十月調福建巡撫。謚「清端」，聖祖稱爲「國家祥瑞」，目爲「苦行老僧」。雍正十一年，世宗憲皇帝追念舊臣，特詔入京師賢良祠，春秋享祀[1]。陳璸任臺灣縣知縣三年二個月，任臺灣廈門兵備道五年，任福建巡撫三年，任內頗多作爲，充分顯現儒學「經世致用」的精神，是儒學內聖外王的典型，連橫《臺灣通史》謂其人爲「循吏」。本文以《陳清端公文選》爲主，其他相關資料爲輔，以臺灣縣及臺廈道任內爲範圍，對陳璸的儒學思想與實踐，作一考察，以此見儒學爲有本有原之學，有體有用之學，純粹至善之學。

---

[1] 有關陳璸的生平事蹟，丁宗洛《陳清端公年譜》述之頗詳。（臺北：臺灣銀行經濟研究室，民國 53 年 11 月出版，臺灣文獻叢刊第 207 種。）

第二節　重視文教，發揚儒學

　　陳璸由科舉而入仕，其未仕也，以儒家之學潤身，其既仕也，以儒家之學潤人，施政重視文教，念念不忘發揚儒學，其舉舉大者如下：

一、改建文廟，以重根本

　　陳璸〈條陳臺灣縣事宜〉云：

　　臺灣縣為臺郡附郭首邑，開復以來，戶口之蕃衍，商旅之輻輳，財貨之流通與夫人文之日新月盛，居然海外一都會也。獨以學宮重地，猶襲偽弁住宅而為之。凡廟之與宅，規制不同；文廟與他祠尤別。今以住宅為文廟，其卑陋湫隘之觀，揆諸朝廷所以崇儒重道、振興文教之盛典，甚覺弗稱。而且櫺星之未有門也，明倫之未有堂也，藏經之未有閣也，東西兩廡風雨不蔽，鄉賢名宦俎豆匪依，至御製先師先賢諸贊尚未壽諸金石，其何以俾海陬士庶得覿天章之燦爛乎？夫風俗係乎教化，教化重乎人才，人才由於學校。先儒有言：不興學校而求人才，猶不琢玉而求文采，不可得也。處臺邑而欲養人才於學校，莫如改建文廟之為亟矣。[2]

2　見《陳清端公文選》，頁 1-2。（臺北：臺灣銀行經濟研究室，民國 50 年 9 月出版，臺灣文獻叢刊第 116 種。）

　　文廟即孔廟，明清之制，廟學合一，孔廟即「儒學」，清代各府、縣、廳多設有「儒學」，即各級地方政府所設的學校，於此見明清之制實將學校賦予祭祀的意義。文廟既是「祭祀空間」，也是「教育空間」，是祭祀場所也是教學場所，兼涵祭儀的神聖性與教育的理想性。關乎風俗教化，也關乎人才培育，此陳璸所謂「處臺邑而欲養人才於學校，莫如改建文廟之為亟矣。」陳璸〈重修臺灣孔子廟碑記〉又云：

　　　　臺灣荒島也。夫子廟在焉。聖人之教與皇化並馳，固無海內外之隔。而歲久弗治，唯大成殿歸然為魯靈光。若啓聖祠暨兩廡、櫺星門一帶，皆腐折傾圮，剝落過半。前後廟基被水沖齧，竟為人畜往來雜沓之場。監斯土者何人，而不一矚目動心於其際乎？……。遂備由上請兩院，尋得報可，即以壬辰臘月興工，委本標千總魯榮董其役。欂桷腐朽者易之，缺折者補之，級磚欹斜者覆正之，墻壁漫漶者飾之，基址卑薄者增築之。廟於是乎改觀焉。啓聖一祠翼然起。大成殿後祠左右列曰名宦，曰鄉賢。齋二，曰六德，曰六行。東廡下有獻官齋宿房，西廡下有藏器庫，有庖湢所。櫺星門左右改置文昌祠、土地祠。其外為禮門，為義路。常置扃鑰，非旦望及有事二丁不開。又於禮門外數十武表立大成坊為界，周圍墻垣通道之水環其下，廟之規模略具矣。至教官廨舍，則於明倫堂後新建三楹齋廚等房，胥具其門，從東廊出入，不復寄居啓聖祠左右。[3]

---

[3] 同前註，頁29。

　　此夫子廟即現今台南市之孔廟。台南孔廟肇興於明鄭時期，有清一代，歷經多次翻修改建，此次改建始於壬辰（清康熙五十一年），其時陳璸任臺灣廈門道，康熙五十二年竣工。此碑記對於孔廟的修建始末，敘述甚詳，今日台南孔廟的規模亦奠基於此，這是認識台南孔廟極有價值的一篇文獻。陳璸於此碑記後段又云：

> 凡廟學非作新之為難，而能體作新之意為難；亦非作新於始之為難，而能繼繼承承永葺於後之為難。茲余既新斯學於其始，願執經士子各思奮發，以通經學古為業，以行道濟世為賢，處有守，出有為，無負國家教育振興庠序之至意。地方有司亦共以教化為先務，培茲根本之地，時省而葺修之，俾有基勿壞。安知荒島人文不日新月盛，彬彬稱海濱鄒魯也哉！[4]

　　陳璸的期望有二：希望爾後的地方有司共以教化為先務，繼繼承承永葺於後，希望執經士子各思奮發，以通經學古為業，以行道濟世為賢，處有守，出有為。陳璸以地方首長的身分有此期望，而其本人也是確實的踐履者，他自己就是一個通經濟世的典型。

　　孔廟的附屬建築「明倫堂」與「朱文公祠」，陳璸亦有碑記，大抵教以明人倫及朱熹思想，為省篇幅，略之，筆者曾有一文述及其此[5]，諸君可參閱。

---

[4] 同前註，頁 30。
[5] 見林耀潾〈由《臺灣教育碑記》看臺灣儒學〉，此文收入《第一屆臺灣儒學研究國際學術研討會論文集》頁 223-246。（臺南：國立成功大學中國文學系，民國 86 年 6 月。）

二、興各坊里社學之制，以廣教化

陳璸〈條陳臺灣縣事宜〉云：

> 社學即古者家塾黨庠遺制。蓋為人性皆善，但氣稟之偏，習俗之蔽，有入於不善而不自知者。古昔社各立學，聚群弟子於其中，教以方名象數禮樂詩書之文，可使上者為賢人君子，次亦不失為寡過之中人。末俗因循，不及時教其子弟，忽成老大，習染既深，無可造就。所謂時過學，徒勤苦而無成。……。張益州鎮蜀嘗言：吾以齊魯待蜀人，亦自以齊魯之人待其身，若徒肆意法律以威劫齊民，吾不忍為也。可知法術刑民，原非所恃以為治。教人務學，乃真為治之本圖。職欲於每坊每里內設立社學，延老成有行者為之師，聚該坊里子弟而教誨焉。其教之目，自四書五經外，益以小學、近思錄二書，為之正其句讀，稍稍解釋文義，使自少習讀，長乃有得。其於學者身心性情，當大有裨益，非小補也。[6]

社學是府州縣「儒學」之外的社區教育機構。教育是廉價而又有效的治安方策，多一分教育預算，可以少一分警政預算，多聘一位老師，就可少聘一位警察，《論語·為政篇》孔子說「道之以政，齊之以刑，民免而無恥；道之以德，齊之以禮，有恥且格。」陳璸說：「法術刑民，原非所恃以為治；教人務學，乃真為治之本圖。」充分把握了孔子德本刑末的禮治思想。陳璸因此要在上層的文廟「儒學」之外，興立基

---

[6] 同註 2，頁 2。

層的社學，所教之目，所延請之師，亦都有規劃，其導民俗
於善，廣教化之功，豈云小哉！

三、定季考之規，以勵實學

陳璸〈條陳臺灣縣事宜〉云：

> 士子廁名庠序，即應以實學為務。實學為何？於經史
> 則博而通也，於世務則請而練也，處為通儒，出為良
> 吏，此之謂有本、有用之學，而皆可於平時制藝窺一
> 斑焉。蓋制藝一道，視之若易，工之甚難；非有明理
> 之識，則詞膚而不切；非有殊尤之才，則氣委而不振。
> 然其才、其識，罔非由學問中來。學者平時用功，所
> 以貴日邁月征也。至鼓舞激勸之方，則月課、季試諸
> 舉，亦其不可已。大抵中材之士，不能無求知之心。
> 月有課，季有考，亦士子以文藝見知之一日，未有不
> 踴躍思奮者。知奮則知恥，日恥則日進，將惟向上是
> 務，一切利欲薰心、苟賤不廉之行，自不覺棄之若浼。
> 故謂文章與品誼相關也。職添司民牧，簿書繁冗，不
> 能時集諸生為晤對，除月課聽本學舉行外，每以四仲
> 之月，擇日集諸生於堂，親行考較，略為分別高下。
> 其優列者，量加獎賞，仍准所屬童生併與斯考。凡土
> 著於斯者，縣令漸可熟悉。至歲科之年，有冒名充考
> 者，不待辨而識矣。蓋既為本縣童生於本縣季考冊內
> 安有一兩年無報名與考之理？即有其人，不過百中一、
> 二、無難察核。為諸生勵文行，為童生杜頂冒，此季
> 考之不可或廢者也。[7]

---

[7] 同前註，頁3。

　　清代的官學（國子監及各府州縣廳「儒學」）與科舉制度是合一的，亦即學校制度與文官考試制度是合一的，入學即是求功名，入學是入仕為官最主要的方式。陳璸對已入學的士子定季考之規，親行考較，一來砥礪其文行，以利士子在歲科兩試有好的成績，一來增加縣令熟悉童生的機會，可杜絕童生冒名頂替應考之弊。

四、舉鄉飲之禮，以厚風俗

　　陳璸〈條陳臺灣縣事宜〉云：

> 自國老、庶老之制興，歷代憲老乞言為重，郡國有司奉行不替，非習為迂闊之儀以粉飾太平也。凡民間爭鬥日熾，獄訟日煩，始於鄉不序賢、食不羞者，罔知禮讓故耳。若使習見乎敬老尊賢，地方有司猶捧觴布席之不遑，我何人斯，敢恣睢狼戾以自肆？將樂至不爭，禮至無怨，獄訟可消，兵制可靜，直移風易俗之一機也。查康熙九年十二月，禮部頒定鄉飲酒禮，滿漢一體舉行。臺邑賦役全書支發項下，亦開載鄉飲二次。職欲察訪所屬，該里內有年高德劭、眾所推服者，歲報二人。一為正賓，其一為副。照例每年正月十五、十月初一等日，敦請至本學明倫堂，如例舉行，仍將賓僎姓名具報。此在海外，一時訝為創見，實則行所當行，其於人心風俗未必不有得之觀感潛移默易者。[8]

---

[8] 同前註，頁 3-4。

陳璸的舉鄉飲酒之禮，實為儒學思想的具體實踐。《禮記‧鄉飲酒義》云：「鄉飲酒之禮，六十者坐，五十者立侍，以聽政役，所以明尊長也。六十者三豆，七十者四豆，八十者五豆，九十者六豆，所以明養老也。民知尊長養老，而后乃能入孝弟。民入孝弟，出尊長養老，而后成教，成教而后國可安也。君子之所謂孝者，非家至而日見之也；合諸鄉射，教之鄉飲酒之禮，而孝弟之行立矣。孔子曰：吾觀於鄉，而知王道之易易也。」鄉飲酒禮，康熙九年十二月，禮部定為禮儀，臺邑賦役全書支發項下，亦開載鄉飲二次，陳璸不過將其實施細節詳明列出，行所當行，其於人心風俗可得潛移默化之功，馴至爭鬥可熄，獄訟可消。今有所謂「社區總體營造」理念，應可從傳統鄉飲酒禮、鄉射禮得啓發。

第三節　問民疾苦，嚴禁酷刑濫派

設官分職，旨在為民服務，親民愛民，縣官有父母斯民之責，父母必欲其子之安全，則為民父母者豈可不恤民之疾苦？愛民如子，視民如傷，此縣官應有之胸懷。陳璸出宰臺邑，充分體認儒學以民為本的思想，問民疾苦，嚴禁酷刑濫派，便成其重要施政。

陳璸〈臺邑問民疾苦示〉云：

> ……。臺灣為附郭首邑，密邇各憲衙門，不時察訪，加意撫恤，四民人等，久已共遊光天化日之下，豈復有疾苦足慮？而正不能不鰓鰓過慮者，恐有一事冤沉、

13

一情抑鬱，亦未可定。本縣蒞任伊始，如入暗室，欲務周知，相應亟行採詢。為此，示闔邑士民等知悉。凡民情政體所關，大自錢穀刑名，徵收出納，下至橋路津梁，車船答應，有無偏輕偏重？有無妨時失業？地方有無豪強盤踞、奸棍把持？衙門有無積蠹生事、詐騙？出水給照有無胥役掯勒需索？各坊里之內有無某坊某里某人藏奸匿歹？風尚有無奢侈？作何禁革？民生有無凋敝？作何拯救？告訐爭訟、輕生圖賴之習作何懲儆？不妨隨其所見，暢所欲言。但須切實開陳，勿得扶同剿說。如果係爾民切身病痛，本縣自當一體關切，聞知上臺，力為請命，斷不至悠悠忽忽，循採詢之話套已也。幸各詳悉，勿憚！勿隱！[9]

陳璸此示包羅甚廣，可謂多方設想，拯民疾苦。民情為政事所關，務其上達，不容有司壅蔽上官，以致招來民怨。陳璸關心人民切身病痛，將竭力請命，不願悠悠忽忽，徒具表面採詢話套，期民人暢所欲言，勿憚勿隱，如此方可對症下藥，針砭時弊。

陳璸〈臺廈道禁酷刑濫派云〉：

照得民生之倚賴，惟財、惟命。吏治之大蠹，惟酷、惟貪。箠楚之下，何求不得？未有酷而不貪者。第朘民之財，不過奪之衣食而已。若斃命於頃刻，則斷難復續，死難復生，是民命尤重於民財。而酷刑之慘，比貪饕更甚也。海外彈丸，民番雜處，居土食毛，無

一非朝廷赤子。官茲土者,俱上憲選擇調補之員,孰
非良吏!若乃不以赤子視民,而概以待盜賊之法待之,
對上憲則極口自許以惜民財、恤民命、要做好官,而
行事顧有大謬不然者。是誠何心!

查定例非真正人命盜案不許濫用夾棍。凡錢糧正項有
加派分毫,即計贓定罪,何等森嚴!現奉兩院飭禁州
縣官不許加派重刑、濫禁無辜,期於潔已愛民、勤修
職業,煌煌憲令,不啻至再至三。凡屬有司,自應手
自謄錄,常置案頭,觸目警心,實力奉行之恐後矣。
乃近訪聞所屬各衙門,稍知自愛者僅有,而陽奉陰違
者每不乏人。如供粟不收本色,勒民折價;審理案件,
無分為命、為盜,動用夾審。如此等弊,牢不可破,
將民生於何倚賴?而吏治何由肅清?不幾重負上憲諄
諄戒飭至意耶?本道監司茲土,若粧聾作啞,隱忍扶
同,是並不為上憲一存耳目,不惟昧心,實亦負國。
但人孰無過?貴在速改。合亟再行申禁。為此,票仰
該府官吏照依事理,立即飭行所屬,嗣後務滌慮洗心,
恪遵憲令,徵收無論何項錢糧,不得於正項外私行加
派;非真命、真盜,不許濫用夾刑,濫禁無辜人等,
庶幾民生獲遂,感召天和,共迓時和年豐之祥,則官
民有同慶也。如任意肆行,怙終不悛,本道訪聞的實,
定即列揭通報請參,斷不肯隱忍扶同,自罹失察之咎。
各宜慎之,*毋自貽戚*。[10]

---

[10] 同前註,頁 23-24。

〈臺邑問民疾苦示〉是陳璸對臺灣縣人民的宣示，要他們勿憚勿隱，勇於表達，〈臺廈道禁酷刑濫派示〉是陳璸對臺廈道所轄各衙門官吏的警示。從〈臺廈道禁酷刑濫派示〉中得知，當時吏治不是很好，稍知自愛者僅有，而陽奉陰違者每不乏人，煌煌憲令，至再至三，似未能肅清吏治。其中尤關民財民命者，酷刑與濫派也，酷刑害民命，濫派妨民財，豈有為民父母者，不以赤子視民，而以盜賊之法待之！陳璸既承朝廷任命，愛民有責，豈肯裝聾作啞，隱忍扶同？是以對所轄官吏，先之以申禁，務其滌慮洗心，恪遵憲令，若任意肆行，始終不改以權謀私，以權害民，定將通報請參，以肅官箴。濫派陋規之必須禁止，陳璸尤念念在茲，下列四則說之。

陳璸〈條陳臺灣縣事宜〉云：

> 每歲修倉之宜永禁派累，以惜民財也。查得臺邑歲額粟四萬六千有奇，以十月後開徵。未開徵之先，即傳各里管事會集公議修倉，或補葺破壞，或從新起蓋，有公眾修補之說，又有各里蓋倉貯各里粟石之議。民有唯唯答應何說之辭，而不知民財之破費少則二、三百兩，多至七、八百兩，皆起於此。……。職查臺邑現在倉廒，附府治者凡八十九間；在安平鎮者，凡二十間。內經職到任後新蓋大小九間，修補大小七間，通計倉一百零九間，約可貯粟十餘萬石。惟在為令者不時巡視，及早修葺，可歲省民財無數。先哲有言，余無他能，惟用民間一錢，如針刺體血。旨哉斯言。職謂欲惜臺邑民財，宜革修倉一舉。[11]

---

11 同前註，頁 7-8。

修倉本為官府應為之事，而官家竟在開徵歲額之外，又要求各里修倉，或補葺破壞，或從新起蓋，百姓只有唯唯答應，而不知民財之破費少則二、三百兩，多至七、八百兩。此違法之派累也，陳璸甚惡之，欲革除修倉一舉，以惜民財。民間一歲收成，婦子方以為慶，不料苦累即在此時，長此不改，歲累一歲，民財既竭，民命隨之，此為令者之急宜猛省痛革者也。其引先哲「余無他能，惟用民間一錢，如針刺體血」之言，尤為警策，牧民者宜深思之。

陳璸〈條陳臺灣縣事宜〉云：

> 每歲二丁派買豬羊之宜禁，以除陋規也。按二丁有祭乃朝廷尊禮先師、先賢，為報德、報功之舉，甚盛典也。額設綱銀，就於地丁錢糧項下支發，一切菓品牲醴之費，皆取諸綱銀。所以杜派累，妥神既也。不謂有司竟藉此漁利，每逢丁祭，菓品取之舖戶，牲品取之屠戶，縱有給發，全不足價。不知其將額設綱銀作何銷算耶！…。職請嗣後丁祭豬羊，應計定觔數，發現銀，著在坊屠戶具領，照時價買備。所用祭鹿，亦在官散行採買，菓品各色，照價實辦為是。傳曰：祭貴其質，亦貴誠也。若乃派累小民，及借辦掩飾，質既亡矣，焉用文之！非不趨蹌於灌獻之餘，誠意安存？[12]

每歲二丁之祭指春秋二祭孔廟，此朝廷尊禮先師先賢，為崇德報功之舉，甚盛典也。二祭所需之額費，於地丁錢糧項下支發。不謂有司竟藉此漁利，每逢丁祭，莫品取之舖戶，牲

---

[12] 同前註，頁9。

品取之屠戶,縱有給發,全不足價。不知其將額設鋼銀作何銷算?吏治之懷,於此可見一斑。祭貴其質,亦貴誠也,若乃派累小民,及借辦掩飾,質既亡矣,焉用文之!夫民間一雞一豚,皆日用所需,若必按戶搜取,恐非黍稷之馨,神其吐之矣。陳璸明歲丁二祭之義,在誠在質,焉有派累小民,藉祭祀謀利,而神歆享之之理?是以必禁此陋規,不得派累舖戶屠戶,官府須照價買備照價實辦,不容有司上下其手,而褻瀆國家盛典。

陳璸〈臺廈條陳利弊四事〉云:

> 嚴禁科派以甦民困。海外皆新集之民,生業艱難,為有司者,多方撫恤,猶恐失所,何況加之科派?臺屬三縣之年季科派者莫甚蓋倉一事,通三縣額徵正供粟一十三萬有奇,每歲民間納粟一石,派納銀五分,為蓋倉費用。……。豈可於輸納正供外,多此一番科派,以朘民膏?欣逢憲令方新,澄清吏治,正與民更始之會,請嚴行戒飭,勒石永禁,俾省一分科派,斯民得受一分之賜。此臺地之弊當除者也。[13]

官府派累人民納銀蓋倉,陳璸〈條陳臺灣縣事宜〉已言之矣,此〈臺廈條陳利弊四事〉復言之,可見此事之不易革除。官府科派不止一端,其嚴重者莫甚蓋倉一事,陳璸必除此弊,故屢屢言之。豈止科派蓋倉之必禁,其他各項科派,亦必嚴禁,以甦民困。

---

13 同前註,頁 13-14。

陳璸〈條陳經理海疆北路事宜〉云：

> 除濫派以安番民。番民即吾民也。內地人民，自輸納
> 正供而外，一切雜派，盡行革除。番民何獨不然？查
> 各番每年有花紅陋規，以社之大小分多寡，或二百八
> 十兩、一百二十兩、或八十兩、六十兩、四十兩不等，
> 縣官索之通事，通事索之土番。日腹月削，以致舉家
> 老少，衣不蔽體，食不充腹；而又派買芝麻、鹿脯、
> 鹿皮，搬運竹木，層層搜括，剝膚及髓，甚為土番苦
> 累。長此不已，必有意外之變，相應亟行革除，俾番
> 民得相安於出作入息，此休養第一事也。[14]

臺灣古文獻每以「番」、「番民」稱原住民同胞，陳璸此文亦
不能免，此「漢族中心主義」作祟之故，現今促進原住民權益
運動勃興，類此帶有歧視意味之字眼，已多修正，然為保文獻
本真，引文亦不改之。〈條陳經理海疆北路事宜〉一文可視為
陳璸的「原住民政策」，「除濫派以安番民」為其六條「原住
民政策」之首條，可見其重要。「臺疆為閩省咽喉，北疆心腹。
聚重兵於郡城，咽喉之地，已得要領；而北路諸羅山一帶，
當郡右臂，延袤二千餘里，田地肥美，畜牧蕃庶，實為心腹
要區。但有土番三十六社，錯居不諳稼穡，專以捕鹿為生。
餉口、輸課咸藉於斯，艱難堪憫。……。經理事宜，約有六
條，總以綏輯土番，固我心腹。心腹固則咽喉愈固。南視臺、
鳳二邑，勢若建瓴，全臺可保無虞，而閩省可安枕矣。」[15]陳
璸充分認識臺疆北路原住民政策之重要，而官府濫派，漢族

---

[14] 同前註，頁 15。
[15] 同前註。

移民深苦之，原住民同胞亦深苦之，綏輯安撫原住民同胞，莫若得其民心，得其民心必革除濫派，濫派不革，民心難安，禍恐起於蕭牆之內，臺疆心腹不保，閩省咽喉亦將隨之斷絕，此陳璸亟亟以此為務之故也。

第四節　陳璸的天人感應思想

儒學發展到西漢，與陰陽家思想結合，盛行天人感應思想，這種思想幾乎滲入每一部儒學經典，這是「儒學陰陽家化」最盛的一個朝代。這個論題，牽涉廣泛，本文無法詳論，此處但以最具代表性的人物董仲舒說之，《漢書‧董仲舒傳》云：

> 《春秋》之中，視前世已行之事，以觀天人相與之際，甚可畏也。國家將有失道之敗，而天迺先出災害以譴告之，不知自省，又出怪異以驚懼之，尚不知變，而傷敗迺至。以此見天心之仁愛人君，而欲止其亂也。自非大亡道之世者，天盡欲扶持而全安之。事在強勉而已矣，強勉學問，則聞見博而知益明，強勉行道，則德日起而大有功，此皆可使還至而立有效者也。

天子受命於天，是天在人間的代表，應體「天心之仁愛」，發政施仁，若能如此，則「天下之心，同心歸之，若歸父母，故天瑞應誠而至。」（《漢書》本傳）如若不然，則天必示以災異，「災者，天之譴也；異者，天之威也，譴之而不知，乃畏之以威。」（《春秋繁露‧必仁且智篇》）這種感應和災異的

說法，是周初「天命靡常，惟德是依」思想與陰陽家思想的一種配合，也是儒學與陰陽家思想的一種混合型態，董氏如此這般地「推陰陽，爲儒者宗」。

這種天人感應思想也影響了後代不少儒者，陳璸就是其中之一，在其文集中，有此一思想的文章，而又和臺灣有關的主要有四篇。康熙四十二年（癸未），陳璸在臺灣縣任，六月，旱，求雨，牒城隍廟，〈臺邑求雨牒城隍文〉云：

> 凡官之設，以爲民也，莫若令之親。凡神之立，以為民也，莫若神之正。何謂親民之痌瘝？若同體之關切焉。何謂正民之災傷？若呼應之準驗焉。苟不視為同體，非親矣。苟不呼而即應，非正矣。令於民有同體與之切與否，神得以察之。而神於民有呼應之驗與否，令亦得以規之。臺地一年一熟，神所知也。民間播種在端午後，神所知也。臺無陂池，全賴雨水布插，神所知也。乃自四月二十一日雨旋晴，越五月盡亢暘不雨雨，民田半在草間，苗秧已同焦尾。民之災傷，莫有甚於此時也。民之痌瘝，莫有切於此日也。令忝民牧，即以前月二十八日在神廟啓壇禱雨，神之聽之矣。謂宜朝發牒而夕其雨也。夫何三日不雨，又三日而亢暘如故，豈神之罔聞知歟！抑神察令之政事闕而爲此示罰歟！如罰令應止令之一身，何為遷怒於民？夫民非令之民，朝廷之民也。民亦非神之民，上天之民也。天以民之心為心，朝廷以天之心爲心，令苟有一念不在斯民，負朝廷矣。神苟有一念不應斯民，負上天矣。負朝廷，令之罰不容誅，負上天，神之責又誰諉？令

衣租食稅，享民之奉。神亦歲賽時報，享民之祀。其
食報於民同，則其為民造福當無弗同。斷無民罹災傷，
任令大聲疾呼，而神茫無應者。或者風雨露雷，各有
專司，神不得自為政歟！然神司一郡之民命，雖非神
所司者，神無不得為民請命。猶之令宰一邑，所不得
自專者何限，然皆力為民請，使民疾苦得以上聞，而
後盡令之心，供令之職。若請十不得一，則令可去其
官，而斷不可尸厥位。神亦可知自處矣。令每朔望入
神廟，見神前香煙雲騰，臘光燭天，得非神之靈爽赫
奕有以動斯人，而使之敬應供奉至是；而乃今逢災傷，
號呼皮告而莫之應。竊不知神之靈爽於何顯？神之赫
奕於何寄也？今令與神約，五日不雨已矣，以七日為
斷，果大雨滂沱，俾民得及時播種，是神之靈爽赫奕，
顯然有徵神之有呼，即應果有準驗。令將率民歲時奔
走奉祀，無敢少懈，不敢忘神之賜。若仍不雨，則是
呼之不應，與木偶奚異？令將明示禁革，無得復奔走
供奉於神之廟。神其如令何？豈神之靈爽無能致雨，
反能為令作禍異耶？令不信也。要豈令之所願哉！尚
冀神繹思令之牒，務有以踐令之約，急救吾民，在神
既善體天心，令亦得托神庇。保有時和年豐，撫安朝
廷之民，榮幸多矣。勿任惶悚待命之至。謹牒。[16]

城隍神是天派在城市（人間）的代理者，與縣令為朝廷命官
一例，神罰人，猶如天罰人，「神察令之政事闕而為此示罰」，
是災異譴告的一種。陳璸願一身承擔，要罰，就罰縣令一人，

---

[16] 同前註，頁 35-36。

不可遷怒於民。神享民之祀,猶縣令之享民之奉,當急民苦難,不可尸位素餐,陳璸與城隍神約,以七日為斷,降滂沱大雨,否則將明示禁革,無得復奔走供奉於神之廟,以無功德於民之神,不可享祭祀也。這是站在人民這一邊,與神談條件,也是最後通牒。

康熙五十一年(壬辰),陳璸在臺廈道任,六月旱,求雨上帝廟。〈上帝廟求雨文〉云:

> 惟神聰無不聞,明無不見,災無不弭,德無不徧,兼斯四德,為庇萬方。人亦有言:六月不雨,亦時之常。就臺而論,非常之殃。臺民之耕,止此一熟。及時播種,待雨而足。今雨愆期,其何能穀!已種苗枯,未種手束。民則何辜,而罹斯酷?官之失德,罰及其身,怒有所歸,胡遷於民!某濫竽兩載,罰過千端。自檢行事,無可告天。自問內念,無可對神。致茲旱魃,慚見市人。赧顏拜禱,敢以臆申。歲若不稔,訟獄繁興。盜賊滋熾,民乃遷迤。監司誅竄,殊無足憐。神受祀祭,過密無分。乞回神鑒,收茲炎氛。甘霖立沛,俾得耕耘。此去立秋,節候甚邇。再逾一旬,雨亦無濟。心急言疾,辭乏醞斐。惟神涵覆,如怙如恃。日內得雨,昭示愷悌。敬率官僚,偕我婦子,擊鼓吹笙,粢潔酒旨。為民請命,以受神祉。言止於斯,神之聽之。[17]

又求於媽祖宮,〈媽祖宮求雨文〉云:

---

[17] 同前註,頁33。

……。兩載以來，雨暘時若，年獲順成者，孰非邀神之福？某固敬誌之不敢忘。何期入夏以來，雨澤愆期。今去立秋甚邇，旱暵如故，此真小民災患切身之日也。政有闕歟？官失職歟？訟不得平，刑過其中歟？鰥寡廢疾不得養歟？有一於此，皆足致旱，吏之罪也。於民何辜？其或地方之蠹棍未除，在位之貪殘未去。此尤方面大吏之責，請神鑒顯殛，為小民大洩其憤，何為久旱不雨，重困我民為也？敢乞神恩，立收炎火，普降雨澤，俾民得耕種及時，秋收攸賴。但得利民，凡百秧咎甘受，某身不悔。[18]

「民則何辜，而罹斯酷？官之失德，罰及其身，怒有所歸，胡邇於民！」，及「政有闕歟？官失職歟？訟不得平，刑過其中歟？鰥寡廢疾不得養歟？」以下一段，均是陳璸的自責之語，其淵源則爲「天人感應」思想。此兩篇求雨文與〈臺邑求雨牒城隍文〉，略有不同。〈求雨牒城隍文〉中，陳璸有自省之語，但也責難城隍，陳璸與城隍是立於平等地位，一爲人間之縣令，一為天所派之城市神，兩者有點類似同僚，互爲監督。而上帝是至高之神，賞善罰惡，自有其標準，再也無從苛責之；媽祖則為東南沿海一帶的保護神，民間咸信其救苦救難無數，陳璸在媽祖之前，只能自承有罪，但乞求神恩，普降甘霖，一切殃咎，受之不悔。

康熙五十二年（癸巳），陳璸在臺廈道任，六月，旱，令各員修省，〈臺廈亢暘修省示〉云：

照得恒燠恒暘，雖屬天行之偶沴，而修備修救，實賴
人事之挽回。茲以季夏之月，亢暘不雨，民將耕種失
時，秋收無望。天之降罰，亦已甚矣。得非人為不善
有以致之？凡所屬衙門之急宜修省者，本道特就見聞
所及，有關民命、民財、民力者，列數條於左。一、
天道好生，莫重民命。所屬衙門審理命、盜兩案，得
無有真情未得、真贓未獲，而以單詞偏聽、文致人罪、
附會成獄否？急宜修省。一、一家飽煖，千家怨嘆。
其氣上與天通。所屬衙門於錢穀出納，得無有聽憑胥
役明加暗派、日朘民膏而不之察否？急宜修省。……。
本道衙門為所屬各衙門領袖，如璸菲才，濫竽四載有
餘，於民生毫無裨補，於吏治茫無覺察，歲月愈多，
愆尤愈積，致滋譴咎，深用疚心。所屬衙門，倘勿吝
直言指摘，固所樂聞，即凡軍民人等，肯指陳過惡，
俾得追咎已往，自新方來，亦斷不至以規為瑱。總期官
民同心，導迎嘉氣，兆時和年豐之祥，有切望焉。[19]

「恒燠恒暘，雖屬天行之偶沴，而修備修救，實賴人事之挽
回」、「天之降罰，亦已甚矣。得非人為不善有以致之？」及
後段所引文字，均是陳璸「責己」、「罪己」之言，此處所蘊
涵的天人感應思想益為明顯。他若「一家飽煖，千家怨嘆，
其氣上與天通」也饒富天人感應之義。官員能以災異自省，
這是「儒學陰陽家化」的正面意義，所謂「假經立誼，神道
設教」也。

---

[19] 同前註，頁 25-26。

　　儒學的天人感應思想固有其正面意義，但筆者認為，荀子的看法應會被多數的儒者所接受。《荀子‧天論篇》云：「雩而雨，何也？曰：無何也，猶不雩而雨也。日月食而救之，天旱而雩，卜筮然後決大事，非以為得求也，以文之也。故君子以為文，而百姓以為神。以為文則吉，以為神則凶也。」求雨而祭，但用來撫慰民情，以為政事上的文飾罷了，陳璸應知荀子此義。

第五節　崇德報功，祭祀名宦

　　《國語‧魯語上》一：「夫聖王之制祀也，法施於民則祀之，以死勤事則祀之，以勞定國則祀之，能禦大災則祀之，能扞大患則祀之。」《禮記‧祭法》也有相同的文字，這是儒學「崇德報功」的祭祀思想。在陳璸的文集中也有此一思想，和臺灣有關的則有三篇，下述論之。

　　陳璸〈名宦祠祭范忠貞公文〉云：

　　　　……。峨峨范公，興自世冑，奮跡甲科，經左史右，旁搜百家天文地理，下逮草野民物邊鄙阨塞之情狀，罔不是窮而是究。其蘊之也深，其蓄之也厚，每嘗揚榷古今，俯仰宇宙，治亂興衰之互為變更，賢奸消長之迭相補救，知茫茫者之須史幻滅，終歸於盡，而惟吾生固有之德，身心性命人倫日用之理，為造次顛沛之必不可或達，期於擇而能守。……。為民請命，章不啻數十上，皆得報可。至今浙水東西，且家謳吟而

戶俎豆。迨移節閩疆,遭狂犬之不逞,公之斯時,數
丁陽九,智未及施,勇未及發,利兵狼卒,忽已加其
頸而械其手,為箕子之明夷,為西伯之拘羑,頭為蓬,
髮為垢,幽沉於天昏地黑,至七百餘日之久。臥起與
俱者,賜冠、賜衣而外,唯時憲一書。逢朔望而北向,
為之九頓首,猶時淚若白雲,關情太母,哀吟百苦之
詩,腸斷畫壁之句,信忠與孝之兩全,子與臣其無負,
乃至遇害之夕,從容就義,以死報國而無苟。

嗚呼!雲黯淡兮風悽切,正人何辜兮逢彼梟桀。義夫
惟心兮壯士泣血。仰惟王師入關,犁庭掃穴,懸明鏡
於中天,廓然有以顯我公之大節。析睢陽之齒,斷常
山之舌,牧蘇武之羝,擊朱泚之笏,義膽忠肝,上有
以薄星辰、貫日月,帝心震悼,寵褒異常,遣官諭祭,
至一而再。碑文親製,雲漢為章。蓋將使一世之臣子,
皆知忠孝節義之美,而英風義烈,歷千載其尚有耿光。
故不特中州文物誦王言之大,咨嗟慨慕,即以臺疆處
炎天漲海之外,亦樂以春秋二仲薦公馨香。顧茲臺疆
當公駐節之初,猶阻聲教,使得磨以歲月,次第經略,
安知不當公之在而早已來王。是海外彈丸,乃公精神
所必周之地。夫豈漠然其能忘!

昔徽國學本正心,金人亦問朱先生安在。信國歌傳正
氣,領外猶事文夫子如生。惟懿好攸同,無論聞風之
與親炙,抑興情欣戴,何分死哀之與生榮。溯公世系,
通駿有聲,當宋之北,范韓齊名,文正昌後,忠宣繼
鳴。公有致君堯舜之學,有經綸雷雨之才,有輔相太

平治安天下之志，而未竟厥施，固猶有待象賢之英。
某叨塵末職，濫廁公門，仰公之英風亮節，已心慕手
追之弗及，捧公之遺文法墨，恍仰觀俯察之斯存。敬
循典禮，奉祠駿奔，覺斯人之聾瞶，躋世運於亨屯。
維公之神，無遠之不至，俾海之外，就日而知溫，匪
僅風屬學校，永以作配乎乾坤。嗚呼！尚饗。[20]

范忠貞公即范承謨，漢軍鑲黃旗人，清順治九年進士。康熙
七年，授浙江巡撫。康熙十一年十月，擢福建總督。甫抵任，
聞逆藩吳三桂反。承謨察耿精忠有異志，綜計督標兵少，又
與精忠所部習，不足恃；乃疏言：「閩省經制兵，自康熙八年
依部議裁汰已及三千餘名，尚應裁二千五百餘名。見在兵單
汛廣，請暫停裁汰；遇缺以投誠人充補」。又請巡行海濱，酌
寬邊界，令民開墾；分遣鎮兵屯糧隙地，以裕軍餉。疏上未
及行，耿精忠已叛，先佯言海寇至，邀承謨議事。巡撫劉秉
政陰附精忠，促承謨行。承謨知有變，左右騎環甲以從，承
謨曰：「眾寡不敵，備無益也」。乃坦然按轡至，逆衆蜂屯露
刃，承謨挺身前，抗辭罵賊。精忠困以桎梏，閉之隘室，晝
夜防伺甚密，使毋死；承謨罵不絕口。一日，精忠遣秉政說
之降。承謨舊足蹴秉政仆地，叱左右掖出；曰：「賊誅戮將不
遠，茲先褫其魄矣！」為賊困踰二年，冠賜冠、衣辭母時衣；
每朔望，奉「時憲書」一冊懸之，北面跪拜。間為詩文，以
枔炭畫壁上。及大兵破仙霞關，精忠將降，飾辭冀免死，忌
承謨暴其罪惡，夜遣逆黨逼承謨就縊，幕賓親屬家丁隸卒五
十三人，並遇害。賊移屍焚諸野。泰寧騎兵許鼎，乘夜負承

謨燼骸藏之。康熙十六年，櫬還京。上詔所司優議，贈兵部尚書，加太子少保，廕一子入監，賜祭葬如典禮，諡「忠貞」，御書碑文賜其家。[21]

范承謨於康熙十一年十月任福建總督，十三年三月為耿精忠所拘，十五年九月遇害，而臺灣其時尚在明鄭東寧王朝治下，直至康熙二十三年才正式收入清朝版圖。范承謨雖未親臨臺疆，但陳瑸以爲「安知不當公之在而早已來王，是海外彈丸，乃公精神所必周之地。夫豈漠然其能忘！」陳瑸所重者范承謨「爲民請命」及「忠孝兩全」之儒學大義，故於文廟名宦祠祀之，冀「覺斯人之聾瞶，躋世運於亨屯。」俾海之外，就日而知溫，不僅風厲學校，永以作配乎乾坤。古道照顏色，典型在夙昔，此儒學寓忠孝仁義於祭祀者也。

陳瑸〈祭靖海將軍襄壯施侯〉云：

> 嗚呼！宇宙間必有非常之人，始有非常之功。臺灣僻在海表，爲海逆盤踞出沒，波濤震驚，江、浙、閩、廣沿海居民，靡有寧宇。康熙二十二年，將軍乃出贊廟謨，一舉蕩平，除四省欲除之患害，闢千年未闢之版圖，可謂非常之功矣。首攻澎島，親犯矢石，有拔鼇先登之勇。長驅抵臺，壼漿歡迎，有誓不妄殺之仁。知以謀之，勇以克之，仁以安之，非甚盛德孰克當此！

---

21 有關范承謨的生平事蹟，可參考戴震〈忠貞傳〉（收入《碑傳選集》，臺灣省文獻委員會出版，民國 83 年 12 月）及《清史·范承謨傳》（收入《清耆獻類徵選編》，臺灣省文獻委員會出版，民國 83 年 12 月）。又可參陳衍《臺灣通紀·卷二》（臺北：臺灣銀行經濟研究室，民國 50 年 8 月出版，臺灣文獻叢刊第 120 種。）

捷聞值中秋令節，聖上即日解御衣馳賜，兼御製詩章
褒美。稱伏波而後一人。嗚呼！其可謂非常之人矣。
以非常之人，建非常之功，宜食非常之報，將軍勳書
盟府，公侯衮衮，並任封疆。屬在臺疆，父老子弟，
服先疇，思舊德，尤篤不忘。相率祀名宦，崇報將軍
功德，與宮墙子弟，並垂永永。泮水之詩：曰在泮獻
馘，曰在泮獻功。而先之曰穆穆魯侯，敬明其德，此
物此志也。某忝備兵茲土，欣瞻盛禮，敬侑一卮，神
其來歆。尚饗！[22]

靖海將軍襄壯施侯即施琅，福建晉江人。初爲鄭成功部下，
後因間隙，失和，其父大宣、弟顯及子一、姪一，皆爲成功
戕害。清順治十三年，琅隨定遠大將軍濟度擊敗鄭成功於福
州，授同安副將。康熙元年，擢水師提督。三年，加授靖海
將軍。二十年七月，內閣學士李光地奏：「鄭經已死，子克塽
幼，部下爭權，征之必克。」因薦施琅素習海上情形，上遂
授琅福建水師提督，加太子太保，諭之曰：「海寇一日不靖，
則民生一日不寧。爾當相機進取，以副委任。」二十二年六
月，施琅取澎湖。明鄭武不侯劉國軒乘小船遁歸臺灣，與鄭
克塽及忠誠伯馮錫範等皆震慴無措，乃遣使乞降。琅爲奏請，
上許之。八月，琅統兵自澎湖入鹿耳門，至臺灣；克塽率其
屬薙髮迎於水次，繳延平王金印，臺灣平。時有議遷其人，
棄其地者。施琅將遷民之困難、棄地之後患、專守澎湖之不
可能、紅毛之垂涎、設官置兵並不加重政府之負擔等奏復。
後，棄臺之說作罷，康熙二十三年四月十四日設臺灣府，領

---

[22] 同註 2，頁 41。

臺灣、鳳山、諸羅三縣，澎湖設巡檢，置臺廈兵備道及總兵，隸福建省，臺灣自此正式收入清朝版圖。施琅之功過，眾說不一，今以中央研究院院士郭廷以先生之說為例，以見其複雜。郭廷以《臺灣史事概說》云：

> 就民族革命的觀點來論，施琅應是一個罪人，從國家統一的觀點來論，則為一位功臣。而其力爭臺灣之斷不可棄，則於民族國家均為有功。否則千餘年來漢人流血流汗所經營開發的臺灣勢將與祖國分離。十七世紀晚期以後，正值歐洲國家積極在東方掠奪領土之時，臺灣又為荷蘭、西班牙、英國舊遊之地，她們絕不會輕易放過，臺灣的地位將不堪想像。[23]

陳璸是清朝官吏，對施琅的評價當然是正面的。「夷狄入於中國則中國之」，這是一種「文化民族主義」，超越「種族民族主義」之上，況且以中華民族之立場言，以後歷史之發展，使滿漢均已融入此一民族的大鎔鑪中，陳璸當然不會像郭廷以先生一樣，以施琅為「民族革命的罪人」。施琅「除四省欲除之患害，闢千年未闢之版圖，有非常之功。首攻澎島，親犯矢石，有拔鍫先登之勇。長驅抵臺，壺漿歡迎，有誓不妄殺之仁。知以謀之，勇以克之，仁以安之，非甚盛德孰克當此！」知仁勇兼備為儒學讚許之行為與德操，謂之為「三達德」，故陳璸崇祀施琅於名宦祠，崇德報功，欲其與宮牆子弟，並垂不朽，而為學子立一典型。

---

[23] 郭廷以《臺灣史事概說》頁 121。（臺北：正中書局，民國 43 年 3 月臺初版，民國 85 年 12 月重排本初版。）

陳璸〈祭中憲大夫衛公南村先生文〉云：

嗚呼！天地間常存者正氣，不死者人心。人莫不得天地之正氣以生，而心有所役，每失其正，故能存於一室寂處之時，而不能不紛乘於萬感雜投之會；能於布衣韋帶之素，而不能不動念於圭組仕宦之榮。抑能強持於少長壯盛之年，而不能不稍隳於耄期倦勤之後。蓋其所能者，強制之力；所不能者，自然之天地。若乃德性堅定，志氣凝一，隨所往而自見其天，不以貴盛而移，不以宦成而怠者，獨於我南村先生見之。

公生長貴冑，絕無聲色貨利之好，天稟之高，卓絕儔輩。處京華十丈紅塵中，能愛身如玉。是非有得於治心養氣之學者奚其能？由職方尚書郎，出守閩漳。漳人德公之深，愛公之切，有如赤子之依慈母，不忍一日離諸懷者。顧上游念臺郡新造，謀得賢守以撫循而噢咻之，合疏薦公。公乃航海而東。此某得為公屬吏所自始也。

某本菲材，待罪臺令。先公調數月，執性硜硜，四顧無倚。公至，嘆曰：余來，陳令其不孤矣。嗚呼！非公知某之深，孰為出此言。嗣是事關地方興除，凡有申請，公輒報可。臺人咸有一守、一令相視莫逆之喜。嗚呼！為令如某，若不遇公，為守溺職之罰，知所不免。居無何，某以行取入都，公特破常格相禮，送至舟中，握手叮嚀而別。

嗚呼！公豈復以屬吏遇某哉！五載以來，浮沉郎署，雖音問闊疏，而寤寐心情未嘗一日不在公左右。自前

歲聞公秩滿,遷我粵運使,方舉手加額曰:粵人之幸,
臺人之戚也。公竟不赴新任,請致歸里,急流勇退,
昔人以為難者,公直易之矣。嗚呼!少壯登朝,不縈
情於利祿,暮年出守,務絕意於苞苴。七年漳南不為
久,五年臺灣不為暫。大都所至人樂,既去人思,歸
橐蕭然,圖書而外無長物。上以繼清白累世之傳,下
以啟翼燕方興之緒。公可不謂完人也哉!獨恨某以今
夏銜命過公里門,不及公一面。去公騎箕之夕,僅月
有餘。又嚴程在道,不猶酹一杯而去。某之負公則甚
矣。雖然,天地有正氣,生人有本心。公之心,天心
也;公之氣,正氣也。正氣無日而不流行,則公雖亡,
其不亡者固存也。某尚以寄生之身,視息人間,追懷
我公握手叮嚀至意,其亦安敢有死心也。途次匆忙,
未暇效世人為聲韻之文,謹述公之所以遇某,與某所
以感激乎公始末,書諸尺帛,一灑淚臆。公魂不寐,
庶其鑒之。嗚呼!尚饗。[24]

陳璸於康熙四十一年三月調臺灣縣知縣,衛臺揆(即衛南村)
亦於是年十月調臺灣府知府,此陳璸所謂「某本菲材,待罪
臺令。先公調數月,執性硜硜,四顧無倚。公至,嘆曰:余
來,陳令其不孤矣。」《臺灣府志·衛臺揆傳》云:「康熙四
十一年,以廉能調知臺灣府。每月延諸生,分席課藝,親定
甲乙。建義學,置田三十七甲以資膏火,多士奮興。四十四
年歲饑,詳請蠲免本年租課。性廉靜,不事煩苛,三年之內,
民安衽席」云云。因衛臺揆與陳璸之振作士氣,關心民瘼,
一一相同,此其所以相契也。衛臺揆為臺灣知府,陳璸為臺

---

[24] 同註2,頁43-44。

灣知縣，上下相得，臺人咸有一守一令相視莫逆之喜。衛台揆對陳璸有知遇之恩，陳璸除撰〈祭中憲大夫衛公南村先生文〉外，另有〈郡守衛公台揆德政碑記〉，情辭愷切，其文云：

> 春秋時多賢大夫；《魯論》獨記子謂子產有君子之道四，而悉數之曰恭、曰敬、曰惠、曰義。甚哉！治之貴合於道也。不合於道，智術焉已耳，功利、誇詐焉已耳！然持此求之三代下，雖如兩漢循良亦鮮完傳，何歟？若前太守衛公，則本道以為治，君子人也。

> 公為本朝相國文清公之猶子、少司馬公之賢嗣（少司馬名周允），雅稱貴介；而公抑遜自持，不異寒素。謹小慎微，庶務亦必躬親；炳燭治官書，嘗至漏下不輟。兢兢乎有「進思退補」之慮焉。且也，愛民如子；下車之初，首革水丁以安流移，嚴禁一切雜派。時節，三邑常餽隻雞、尊酒，亦不輕受。從無票取一夫一役；三邑民番因得息肩數載，遂休養生息之樂者，皆公賜也。然有豪強梗法、細民弗化於訓者，懲之亦不少假。是恭也、敬也、惠與義也，公殆兼而有之，故曰：「本道以為治」也。

> 公以壬午年十月蒞臺，至某年某月以秩滿，奉特旨陞廣東都轉運使去。公去，而臺之父老、子弟戀公弗舍，相率建祠一區附郡城隍之左，意欲以神道事公也。祠規制甚狹，稱公儉德。昌黎詩云：「猶有國人懷舊德，一間茅屋祭昭王」，公祠是謂矣。小子璸，舊為臺令，公屬，知公甚悉。茲復謬持使節東來，拜公祠下，不

可謂非夙緣。顧瞻壁間,未有紀公德政者,敢以不文辭!因本諸父老意,述公政之犖犖大者,有此四德備,他日風謠之採,知其足以軼而追子產,且以係臺人甘棠之思於永永也。是為記。[25]

孔子曾讚許子產為「古之遺愛」,陳璸此處以衛台揆「足以軼而追子產」,其對衛台揆之尊崇可謂無以復加。子產有恭、敬、惠、義四德,衛台揆均一一有之。陳璸以為,衛台揆之施政乃「本道以為治」,而其自持則「德性堅定,志氣凝一,隨所往而自見其天,不以貴盛而移,不以宦成而怠」,此皆儒學所肯定之價值。陳璸曾為衛台揆屬吏,其後又二度蒞臺任臺廈道,衛台揆治臺事蹟種種,亦因陳璸之發揚而益彰,此二人均有功於臺之循吏,至今臺人仍奉祀不絕,此臺人繫甘棠之思於永永也。

第六節　結論

張鳳文嘗云:「此(指陳璸)雷州佳士也,德行、文藝不愧古人。」陳璸未仕時,曾先後掌教雷州書院、社學及義學,其講學以敦實行、勵名節為要,嘗謂「儒者讀書,貴有用於世,當思其所以有用處。」又曰「人必有真學問,而後有真經濟;有真經濟,而後有真文章。」故服官後,如所陳〈古田事宜八〉、〈臺灣事宜十二〉、〈全川要議六〉、〈學政條約八〉、〈經理海疆事宜六〉,皆起而行者[26]。本文以陳璸臺灣縣知縣

---

25 見《碑傳選集》頁 335-336。
26 見《陳清端公續傳》,此文收入註 1 所揭書,頁 103-105。

及臺灣廈門兵備道任內爲範圍，作一考察，知其人未仕時為名儒，仕宦時為名臣，內聖外王，兼而有之。重視文教，發揚儒學，於此見陳璸實以儒學爲施政綱領。問民疾苦，嚴禁酷刑濫派，於此見陳璸之視民如傷，愛民如子。大旱求雨，神道設教，有取於天人感應之理。崇德報功，祭祀名宦，以此立典型，以此爲吏治風俗示勸。凡此均儒學思想之實踐，其有功於家國社稷，豈云小哉！

參考書目

《陳清端公年譜》 丁宗洛 民國 53 年 臺灣銀行排印本

《陳清端公文選》 陳璸 民國 50 年 臺灣銀行排印本

《臺灣教育碑記》 陳璸等 明治 35 年 臺灣銀行排印本

《碑傳選集》 陳璸等 民國 83 年臺灣省文獻委員會

《清耆獻類徵選編》 諸家 民國 83 年臺灣省文獻委員會

《臺灣通紀》 陳衍 民國 50 年 臺灣銀行排印本

《臺灣通史》 連橫 民國 7 年 幼獅文化公司排印本

《臺灣府志》 高拱乾 康熙 35 年 北京中華書局影印本

《臺灣史事概說》 郭廷以 民國 43 年 正中書局

《第一屆臺灣儒學研究國際學術研討會論文集》 林耀潾等
　　民國 86 年國立成功大學中文系

（原刊登《孔孟學報》第 75 期，頁 93-114，中華民國 87 年 3 月 28 日）

第二章

清臺灣縣學教諭鄭兼才的儒學思想與實踐

第一節　前言

　　鄭兼才，字文化，一字六亭，福建永春德化人。乾隆五十四年，拔貢生，充正藍旗官學教習，嗣授閩清教諭。嘉慶三年，舉鄉試第一。嘉慶九年三月任臺灣縣學教諭。已而蔡牽犯府治，踞北汕，山賊亦竊發。城中議戰守。以兼才駐大南門，詰出入。晝夜巡防，不遑寢食。事平，嘉慶十二年，以軍功陞江西長寧知縣，辭，請改教諭會試，乃任建寧，復調臺灣。時議開蛤仔難，眾論未決。兼才以地處上游，漳泉雜處，其釁易啓，萬一有失，臺灣之患從是多矣，力主設官。後從其言。連雅堂《臺灣通史》謂「兼才雖為學官，而吏治民生，靡不悉意講求。」陳壽祺〈臺灣縣學教諭鄭君墓志銘〉稱頌其人爲「學校之干城，儒林之圭臬。」本文以鄭兼才《六亭文選》爲主，論述其在臺灣縣學教諭任內的作爲，並由此見其儒學思想與實踐。[1]

第二節　潔修庠序，請廣學額、解額

　　明清之制，府儒學設教授一人，縣儒學設教育一人。雍正十一年，復設訓導一人，府縣學同。考古禮經：建國之學校而合國之子弟，凡有道者，有德者，使教焉。清教官例以本省之人爲之，猶古鄉先生之意。[2]縣學教諭掌文廟祭祀，與

---

[1] 鄭兼才《六亭文選》，列爲《臺灣文獻叢刊》第143種，臺灣銀行經濟研究室。大通書局印行。
[2] 見《續修臺灣縣志》頁177，謝金鑾、鄭兼才總纂，列爲《臺灣文獻叢刊》第140種，臺灣銀行經濟研究室。大通書局印行。

訓導同掌縣學管理及課業，秩正八品。鄭兼才任臺灣縣學教諭，潔修庠序為其職責，《六亭文選》中有二文言及此事，〈募修臺灣縣學官序〉云：

> 臺邑文廟舊址，即今明倫堂地。其改建今地，成於乾隆四十三年，創自邑人，實蔣守元樞竟其功。維時役繁用大，非竭資盡力而又積月累年，不足蕆事。……。其東西兩門樓，一已圮，一勢在不可支；殿瓦前後悉滲漏，棷桷門櫺間多朽折，兩廡亦漸至剝落。失今不圖，勢將歷久而全即傾頹，豈不惜哉！兼才甫蒞斯任，商於同事黃君，又商於本縣薛君，方計議間，邑紳士等已持簿來，屬兼才序以行。兼才復偕至廟中，環覽諦視，謀其當修者與其當改定，眾乃言邑之人願舉此久矣。茲幸有任其責者，請先按戶勸捐。計入多寡，酌工役繁簡，然後設立章程，擇命匠之期，以上聞於道，庶事易成而功可舉也。兼才既諾之，因言臺邑於郡憲宣揚聖教，沾被最先，士多明曉大義，茲役之舉，不難爭赴樂輸。要在始事興工，統率者謹其任用之人而已矣，公其出入之才而已矣。人無異見，財無私心，推之天下事無不可為，況區區改工程哉！眾曰然。遂書以弁於首。甲子仲秋之月。[3]

鄭兼才〈申報續修臺灣縣學宮文〉云：

> 臺邑文廟改建於乾隆四十三年，歲久就圮。嘉慶九年某到任，會縣倡修，嗣因內渡會試輟工。其明年七月回任，再興工修建，復因蔡匪滋事停止。迨本年水陸

---

3 同註 1，頁 7。

賊潰散，郡治寧謐，始命匠再造。今崇聖殿、大成殿及殿後文昌宮已漸次就緒，又移諸羅崎節孝祠於文昌宮之左；其右功德祠，祀改建文廟之蔣前守（元樞）：計費白金為圓四千有奇。近又續捐三千金，修東西兩廡、大成靈星兩門，增名宦、鄉賢兩祠及迤東之明倫堂、土地祠、兩齋衙署，地既接連，工宜遍及。惟時董事職員林朝英，念事關鉅典，工作繁興，財力或絀，乃出而肩其成。首議買置民房，增廣泮池，繼議兩廡殿門改用石柱，復以舊制先師神龕規模粗小，繪圖營造，而列聖御賜匾額如式鼎新，神案、鼓鐘先期裝置。其急公好義，既樂倡始，又願圖終；同事推心，閻庠翕服。同時董事為候選郎中吳春貴、舉人潘振甲、貢生黃汝濟、游化、韓必昌、楊肇基、生員陳廷瑜，其常時督工則有鄉飲魏爾青、童生王琳。惟董事林朝英自獨力肩成以來，在局營度，例得請獎。所增名宦、鄉賢及原設之忠義孝悌、節孝四祠。例應補祀。統俟竣工，博采輿論，據實轉詳。謹將捐修始末具報。[4]

　　清朝之制，府縣設儒學，為文廟，亦為學宮。謝金鑾曰：「學宮之設也，非以明祀事也，所以育才興賢，道在收其方之秀良而教之，學成則祀先聖先師於中，行釋奠、釋菜之禮，示群弟子以師表，使有所景慕衿式焉；釋奠、釋菜，禮之略者。古者士之見師，以菜為贄，故始入學者，行釋菜禮；四時之祭，則為釋奠。釋奠、釋菜，皆為士之來學者行之也。」[5]此「廟學合一」之制，是「祭祀空間」（廟），也是「教育空間」

---

[4] 同前註，頁 8。
[5] 見同註 2，頁 147。

（學）。崇聖殿、大成殿、文昌宮、功德祠、土地祠、名宦祠、鄉賢祠、忠義孝悌祠、節孝祠均「祭祀空間」，明倫堂則爲「教育空間」，猶如今日所稱之「教室」，泮池、鼓鐘，則寓禮樂之義，凡此種種設施，猶如今日所稱「境教」，非以明祀事而已，亦所以育才興賢。臺灣縣學宮，即臺灣縣儒學，在東安坊，南向。康熙二十三年，知縣沈朝聘創立先師廟。乾隆四十三年，臺灣府知府蔣元樞改建完成。嘉慶九年，知縣薛志亮、教諭鄭兼才率諸紳士捐修，費不足，林朝英獨任之。上引鄭兼才二文，述之頗詳，前文言如何勸募士紳民戶，後文言續修始末，並為林朝英請獎云云。

鄭兼才〈代臺郡請廣鄉試中式額及歲科試入學額初呈〉云：

> 竊以掄才盛典，準古要在宜今；造士大權，隨時尤須因地。臺灣偏居東土，實隸南天。自入版圖，另編臺號；後乃漸廣，初額取中二名。今又世閱三朝，年歷七十，文明之治，海外同風。
>
> 伏惟聖朝嘉惠士林，優恩僻壤，如直隸宣化府近在王畿，非同阻險，特因其文風差異，是以闈號另編；然尚定額二名，廣勵多士。況臺灣地勢隔絕大海，人文遠勝初年，尤不可不予以恩施，寬夫解額。至於文童入學，四邑額同。惟彰化則北通淡水，臺灣則西隔澎湖，每逢道府考試，各邑童冠畢來，陸路多至逾旬，水程近亦兼日。夫破長途無窮之費，不能邀黌序一衿之榮；浮大海不測之波，徒僥倖文闈二名之雋。豈非

41

同深慕學，獨抱向隅！且有未獲虛名，先嘗實禍。長令良材望洋興歎，實辜大憲愛士本心。憶昔臺郡開科，曾由提臣入奏。茲者海氛乍掃，士氣倍伸，恭逢將軍奉命專征，論功定賞。振威權於瀛海，叼榮授以新銜；霑福曜於庠門，願恩加夫舊額。登瀛有路，首廣鄉聞；入學多人，兼優童試。專銜入告，知提憲不得專美於前；大典光昭，惟元戎乃克垂芳於後。切呈。[6]

鄭兼才〈代臺郡請廣解額及學額第二呈〉云：

臺灣向係荒島，康熙二十二年入版圖，二十五年定學制，郡學文武額各二十，臺、鳳、嘉三縣額皆十二。其明年定鄉試，以至字編號，額中一名。雍正之十三年，復加解額一名。其彰化一縣，雍正元年增置文武額八名，乾隆五十六年文童額加四名，武童仍舊。至今科舉於定例二百名之外，許酌量寬餘錄送。仰見聖代深仁厚澤，沾被遐陬，而各大憲培植振興，遠近承風，又皆濯磨恐後，砥厲爭先。以故海外士風蒸然日上，每屆賓興，雖阻重洋而踴躍觀光。按冊核名，尚逾二百，房薦之卷，且及三十。郡屬儒童數亦倍前，較之內地，文事足稱。

去冬蔡逆鴟張，被脅奸民雖自外生成，而明理守分之家，咸倡義出力，捍衛城池。蕩平以來，節經大憲奏賞獎屬。惟是闔郡出力人數眾多，而疊次優沛恩施，勢難遍及。因思各邑義首既多讀書之人，而全郡人文又值蔚

---

[6] 同註 1，頁 10。

起之日，與其計功論賞，獎屬一時，莫若廣額加恩，垂
休萬世。某等家尚儒業，世為良民。稔知文風隆盛之
由，與夫慷慨俠義之故，用敢籲懇格外加恩，據情詳
准於閩省解額之外，奏廣臺郡中額二名。至五學學額
廩、增，倘得一併邀恩，俾環海儒流益加鼓屬，詩書
之化既溥，干戈之氣自消；薄海謳歌，千秋頌德。[7]

　　清朝之制，學校制度與科舉制度合一，入學者方有應科
舉的資格。學校定有學額，康熙二十五年始定臺灣府、縣儒
學學額：臺灣府學歲進文、武童生各二十名，科進文童二十
名；設廩、增生各二十名。其臺灣、鳳山、諸羅三縣學，各
為歲進文武童生十二名，各科進文童十二名；各設廩生十二
名，增生如之。雍正元年彰化縣增置文武額八名，乾隆五十
六年文童額加四名，武童仍舊。嗣後文風漸盛，開闢日廣，
學額頗有增加。鄉試者，乃生員進取舉人之考試。臺灣初屬
福建省之一府，故與通省應試者並列。惟鄉試中式額數有限，
而臺灣應試者無幾，又復開科伊始，文風未盛，殊難躋於及
格之列。康熙二十六年，福建陸路提督張雲翼，以此殊非獎
披海外人文之道；以海島文教，應特開功名之途，用資鼓勵；
乃疏請准照甘肅、寧夏邊疆之例，於閩省鄉試，另編「臺」
字號，或略稱為「至」字號，額取一名，以資鼓勵，准之。
是年福建鄉試，始有中式者。雍正十三年，巡道張嗣昌請加
臺額，巡撫據以具奏，詔於閩省解額內，加取臺士一名，於
是以二名為常額。嘉慶十二年，蔡牽犯臺，紳民捍禦有功，
惠加海隅人材，乃於臺字號舉人二人之外，再加一名，固定

---

[7] 同前註，頁 11。

為三名，著為例。道光八年，鄉試中式定額增為四名。咸豐初年，增為七名。又咸豐九年規定，以後若閩省於常額外加三十名，臺灣亦准分得一名，垂為定例。故自是而後，臺灣有中式舉人八名者，即由此廣額而致。[8]鄭兼才此二呈即為請求增廣學額、解額而作，此二呈可作清代臺灣科舉制度之佐證。鄭兼才職司學官，此乃其份內職責，其意以為，臺灣一府四縣，人文蔚起，較之內地，文事足稱，又蔡牽之亂，義民義首多讀書之人，以其明理守分，故能慷慨俠義，倡義出力，捍衛城池，與其計功論賞，獎勵一時，不如廣額加恩，垂休萬世。鄉試解額另編臺字號，有如今日所謂的「保障名額」，鄭兼才謂此為「掄才盛典，準古要在宜今；造士大權，隨時尤須因地」，此臺灣地位特殊之故，清代各朝臺地官紳士民對臺灣學額、解額之爭取，不遺餘力，而鄭兼才與有功焉。

第三節　經世濟用，以事存文

「經世濟用」為儒學本有之義，鄭兼才經世之文不少，本文僅舉其三篇論述之。

鄭兼才〈上慶觀察論疏濬城濠及應行事宜書〉云：

> ……臺郡環城開溝，議興已久，實始於老生戴大章；近聞欲行其說。竊以築城、鑿池二者相因，然可概之他郡；在臺郡，此時有未盡然者。城西臨海，本自有

8 此段敘述參考臺灣省文獻委員會編《臺灣史》頁 207-308，民國 85 年 10 月 1 版 5 刷。

水，環以木柵，捍衛有資。迤南而北，其地沙土相雜，氣脈浮動，挖深通水，非砌以石，易壞城基。其不宜一。風沙不時，泥土淤積，疏鑿不繼，數年之後仍為旱地。其不宜二。城南一帶，新舊墳纍纍，既毀於賊，又為開溝之故，析骸拋骨，是未庇生民，先摧枯朽，遭賊之外，復多一劫。其不宜三。西北引水淺，則人馬可涉，深則竹筏易於乘虛直入，其患甚於水洞，是防城之外，復多一備。其不宜四。此時防禦之後，民心未靖，工役一興，人眾冗雜，迫近城隅，良匪難辨。其不宜五。蔡牽來往無常，城濠工作，需費時日，若復竄入，勢難兼及。虛費廢役，其不宜六。考臺灣自隸版圖，數經擾動；惟朱一貴之變，叛由內起，郡城失守。今為郡城計，欲捍外侮，在弭內訌。先事籌防，莫如編造街甲，鼓勵郡民。保甲之法，臺郡向行之，每十戶置一長，有丁口清冊，開註名姓、年號，以詳籍貫。有戶長總籤，交卸輪當，以均勞逸。……。

郡城水陸義首，人數繁雜，功績不一，豈能悉邀恩賞。竊謂朝廷之名器不可以假人，當事之優禮得盡其在我。藍鹿洲鼎元謂臺民近官長以為榮耀；今既著有微勞，尤多希冀。自宜按其功績，據所見聞，以存公道。其大者奏聞予官，次者給札、賞頂戴；又次者置酒公堂，面加獎賞，鼓樂導歸，勞其既往，勵以將來。人人自謂心腹相待，歡聲四起，勇氣百倍。有事呼應，如影隨形，詰奸擒賊，皆所願為。蔡牽聞之，其氣自沮；縱使復來，仍屬無用。故知襲險為屏，不如眾志成城。

45

今臺郡城垣廣闊，雉堞整齊，誠行是二事，常則奸細無所容留，變則眾力足資保守。雖有城濠，無所用之。否則，奸究盛行，眾心疏懈，鯤身、鹿耳天險之設，且有時不足恃；城濠有無，未為大係重輕。願作後圖，以省浩費。愚昧之見，不自揣量，乞賜採擇。[9]

鄭兼才〈山海賊總論〉云：

臺灣本海寇屯踞之地，其後荷蘭奪之倭人，鄭氏又得自荷蘭。自入版圖後，乘間竊發，山賊常有，海賊不常有。山賊猝起，黨與烏合，非佔據郡縣城不能集事，若前之朱一貴、黃教、林爽文皆是也。海賊以商船為性命，或草竊登岸，隨風去往，無所藉郡縣城，雖罪惡貫盈之蔡牽，其初時所為，不過如是。蔡牽率眾入鹿耳門，始嘉慶五年，兵將退守安平，商船悉為賊有。自是，蔡牽始垂涎臺灣矣。蔡牽既去，揚言越五年當再至，至期，果以賊眾至，為嘉慶九年四月二十有八日。值雨甚，北汕砲不得發，兵潰將亡，郡城民情洶洶，賊去始定。自是，蔡牽敢窺伺臺灣矣。是年十一月，蔡牽繼至；十年四月又至，皆停泊累月。其聲勢聯絡，不熾於前，而胡杜侯餘黨洪四老等得以民無鬥志，蠱惑蔡牽。蔡牽歲資利於商船，不惜重賞厚結山賊。山賊不知自速其死，廣為招致，而向來被擄稍知書之徒，又以天時、人事散布謠言。蔡牽自是妄稱王號，逆造正朔，於十月一日起釁滬尾，竄連東港，原

---

[9] 同註 1，頁 50-53。

集郡城；皆山賊為之揚其一波，一若至微極賤之蔡牽，
一日可以鞭箠番民，控制閩粵也。豈不悖且惑哉！蔡
牽雖垂涎臺灣，然日久計熟，所欲得志者噶瑪蘭耳。
其地膏腴，未入版圖；田畝初闢，米粟足供。居郡城
上流，險固可守；漳、泉人雜處，其釁易乘。而同時
巨盜朱濆力足控蔡牽，又慮為其所奪，是以揮金布賂，
密謀先發；令其黨赴東港，而自留滬尾督率。意以滬
尾既得，即可上迫噶瑪蘭而下制郡城。不圖羽翼未成，
陸賊元兇就戮，不得已始率黨南下。既入鹿耳門，又
遷延逾旬，若其初意在郡城，必乘無備併力急圖。蓋
蔡牽雖愚，生長海涯，習聞往事，縱使僥倖得有郡城，
未有不懼為朱一貴之續。以此度群賊所為，決非噶瑪
蘭不可也。……。以勢論之，山賊被誘迫脅身，雖從
賊，心懷兩端，群呼跳躍，如同兒戲，有節制之師，
不足平也。海賊雖拼命敢殺，然其入港，必借勢風潮，
即使登岸，必無傾船盡出之理，有勇力之師固守海口，
以逸待勞，亦足恃險無虞。惟上流噶瑪蘭，官所不轄，
賊所必爭，萬一民番失守，棄以與賊，臺灣之患，由
是方滋。故為臺灣久遠計，非掃清洋面以拔其根，即
當致力上流以絕其望。然以化外地，通道築城，設官
置卒，既格於非入告不可，而水師頻年剿滅，又苦於
風濤出沒，蹤跡無常。無已，則請踵藍鼎元《鹿洲集》
中故智，而以假扮商船之說進。[10]

---

[10] 同前註，頁 52-53。

鄭兼才〈上汪瑟濟先生書〉云：

> ……。比來相知僚友，幸得謝君金鑾。謝君官嘉義教
> 諭，去歲詳修臺志，當道檄延主纂；既竣，復著《蛤
> 仔難紀略》一卷。蛤仔難者，臺灣東北地，初為生番
> 社，今皆漳、泉人住居。關地既廣，慮併於海賊，願
> 內屬，當事未以聞。以勢論之，郡城地近極南，蛤仔
> 難處極北，上可及下，下不能顧上。蛤仔難即可棄，
> 為郡城計，不可棄也。以理論之，墾田數萬，聚眾數
> 千，地為化外之地，人為向化之人。化外之地可棄，
> 向化之人不可棄也。況其地易為巨盜佔踞，未雨綢繆，
> 斯為要著。兼才欲敘述存之，慮學識滋陋，不足取重。
> 謹呈鑒並乞序言。他日其地新屬，是書得行，夫子鴻
> 裁，於海外有光矣。[11]

上引鄭兼才三文主要在講如何防禦山海賊及建議設官
蛤仔難事宜，此二事又彼此相關。〈上慶觀察論疏濬城濠及應
行事宜書〉一文言臺郡築城、鑿池有六不宜，立論兼顧多方，
以為「奸宄盛行，眾心疏懈，鯤身、鹿耳天險之設，且有時
不足恃，城濠有無，未為大係重輕」，其最佳防禦策略，在行
保甲之法，以弭內訌，鼓勵水陸義首，以捍外侮，如此眾志
成城、便可詰奸擒賊。〈山海賊總論〉一文言海賊蔡牽擾商船，
竊登岸，隨風去往，又不惜重貲厚結山賊，進而窺伺臺灣郡
城。蔡牽雖垂涎臺灣，然日久計熟，所欲得志者噶瑪蘭（即
蛤仔難，亦即今日之宜蘭），故為臺灣久遠計，非掃清洋面以
拔其根，即當致力上流以絕其望。「致力上流」者，通道築城，
設官置卒也。此〈上汪瑟濟先生書〉所云：「以勢論之，蛤仔

---

11 同前註，頁 68-69。

難即可棄，爲郡城計，不可棄也。以理論之，化外之地可棄，向化之人不可棄也。況其地易爲巨盜佔踞，未雨綢繆，斯爲要著。」蛤仔難設官內屬可以防山海賊爲患臺灣，又可以保護漳、泉移民及當地「番民」，此議嘉義縣學教諭謝金鑾言之益切，而鄭兼才深許其言，推波助瀾，不遺餘力。查蛤仔難早在乾隆三十三年即有淡水人林漢生入墾，嘉慶元年，漳浦人吳沙復募三籍流民、鄉勇前進，築土堡以居。之後屢經墾民請求內屬，官府多次查勘，嘉慶十七年八月，始收其地，設噶瑪蘭廳，置撫民理番通判，自是以來，移民群至，治溝洫，興水利，險阻集，物土方，而噶瑪蘭爲樂國矣。[12]連橫《臺灣通史·謝、鄭列傳》云：

> 噶瑪蘭開設之議，前後繼起，而金鑾之論尤爲剴切，兼才之語亦有同心，是皆有用之文也。士君子讀書論世，操筆爲文，足垂朽。而儇薄之徒但工藻繪，拘虛之子多屬空談，非所以爲經國之業也。夫不知而言，是不智也；知而不言，是不忠也。不智不忠，非人也。若乃二子以冷署閒曹之官，而爲拓土開疆之計，可謂能立其言者矣。[13]

雅堂對謝金鑾、鄭兼才的評價很高，許其爲「有用之文」，爲拓土開疆之計，能立其言。事實上，蔡牽犯臺灣郡城，捍禦海賊，保衛郡城，鄭兼才亦有其功績，鄭兼才〈巡城紀事〉云：

---

[12] 蛤仔難（噶瑪蘭）之撫墾，詳見《臺灣通史·撫墾志》頁 426-431，此書列爲《臺灣文獻叢刊》第 128 種，臺灣銀行經濟研究室。大通書局印行。
[13] 同前註，頁 852。

……。先是，（嘉慶九年四月）二十五日，鳳山縣地枋
察有吳評者，糾餘黨起釁。愛總鎮、慶郡守於賊入鹿
耳門之日，適回自鹿港，方以吳評事馳赴鳳山；晡刻，
驟聞北線失利，總鎮移鎮安平、道府移札郡城大西門，
以安平為郡咽喉，大西門又為通海要津也。是晚四鼓，
兼才等奉召至大西門。翌日辰刻檄下，兼才分守大南
門城門，左義民首捐中書科中書銜林朝英、生員張正
位，右為廩生徐朝選。城上下營兵分布，以撫標把總
王兆麟暫統之。每夜交二鼓，府縣丞倅按段巡城，隨
以鄉勇，往來梭織，絡繹不絕。……。[14]

　　鄭兼才分守大南門城門，詰出入，晝夜巡防，不遑寢食，
事平，以軍功授江西長寧知縣，（兼才辭不就，請改教諭會試，
乃任建寧，復調臺灣。）鄭兼才又有〈臺灣守城私記序〉及
〈紀禦海寇蔡牽事〉二文，紀蔡牽事始末甚詳（文太長，不
贅引），保留歷史文獻，後之修志書者頗取資焉，以其親所聞
見，又親與其役，實為最可靠的「第一手史料」及「直接史
料」。

第四節　崇德報功，重視祭祀

　　《國語·魯語上》云，「夫聖王之制祀也：法師於民則祀
之，以死勤事則祀之；以勞定國則祀之，能禦大災則祀之，
能扞大患則祀之。」《禮記。祭法》也有相同的文字；這是儒
家「崇德報功」的祭祀思想。鄭兼才做為一個縣儒學教諭，

---

[14] 同註 1，頁 54。

職責所在，在其行事中充分體現此一思想，在其文集中有頗多文章述及此事，大抵歸納之，可以分成三類。

第一類是名宦、鄉賢的祭祀。鄭兼才〈舉報入祀名宦鄉賢忠義孝悌祠牒文〉云：

> 伏查臺郡版圖初闢，官司實賴賢能；教化久成，士女多知節義。……。是以不忘盛德，感遺愛於口碑；仰企芳型，懷前修於梓里。自監司以及守令，人無間言：由武勇以溯儒流：士多餘慕。所有請祀名宦等祠內名宦，自巡臺御史林天木起，迄臺令周鐘瑄共八人，類皆廉能率屬，惠愛在人。而方邦基為賜卹之員，人心益感；沈朝聘為開先之令，眾志尤孚。卓績循聲，既後先之合揆；報功崇德，詎長屬之異宜。合請入祀，以光前軌。……懷慶府知府王鳳來聲隆官蹟，望協鄉評，樹品敦倫，在臺郡亦何能數見？揚徽載筆，論鄉賢應以此稱先。[15]

鄭兼才〈上胡道憲〉云：

> 為再請定祠祀事。竊查卑學名宦、鄉賢二祠，向俱闕祀。嘉慶十二年據報續采入志，始據呈牒縣請祀名宦祠八人、鄉賢祠一人。……。又查名宦祠之設，與鄉賢祠事同一例。郡邑鄉賢祠只祀本郡本邑，不泛及他郡邑；則郡邑名宦祠，亦只祀郡邑之官，不能概祀駐省大吏。駐省大吏應祀省垣名宦祠，其地為列憲親臨，

---

[15] 同前註，頁 11-12。

文廟春秋二祭及朔望行香，皆列憲主之。若外郡非列憲親臨，則惟祀駐郡道府及佐貳等官。至外郡附郭邑，雖同一城，然駐郡之道府春秋祭及行香，皆郡學文廟，不於縣學，則縣學名宦祠亦必有限制，庶與西偏鄉賢祠專祀一邑者，廣狹不至大相懸。

查原任福建巡撫贈禮部尚書、諡清端陳公璸，初為臺灣令，應補祀縣學名宦祠為正祀。原任知縣沈朝聘、俞兆岳、周鍾瑄三人，雖請祀未咨部，應為附祀。又未咨部之巡臺御史林公天木、巡道奇公寵格、知府衛公台揆、同知方邦基、王作梅，應由縣學移附郡學名宦祠。祀縣學鄉賢祠之懷慶府知府王鳳來，均未咨部，亦應列為附祀。

再，郡學名宦祠祀總督姚公啟聖、靖海侯施公琅，以二人皆為開臺功臣。至朱一貴案祀水師提督施世驃、南澳鎮總兵藍廷珍。而總督覺羅滿保同平臺難，恢復有功。而祠中同祀，乃總督范公承謨係取逆時死節，省垣有專祠，並祀名宦，無涉臺灣事，應改祀總督覺羅滿公保，於報功之典尤合。謹就管見所及，恭請憲裁。[16]

上引文字的大旨有三：第一，名宦祠之設與鄉賢祠事同一例，郡邑鄉賢祠只祀本郡本邑，不泛及他郡邑，則郡邑名宦祠，亦只祀郡邑之宦，不能概祀駐省大吏。在此原則下，鄭兼才乃就當時所祀不符此禮制者，建議予以調整。第二，

---

[16] 同前註，頁34-35。

縣學（即縣儒學）名宦祠計祀原臺灣縣知縣陳璸、沈朝聘、
俞兆岳、周鍾瑄等人，縣學鄉賢祠祀河南懷慶府知府王鳳來。
王鳳來，臺邑寧南坊人，字瑞周，號竹山。乾隆二十七年，
以歲貢補漳平縣學訓導。既至，整飭規條，日示諸生以敦倫
樹品之道，士樂就之。秩滿入京。歸，會臺變，上書制府，
陳征討策。事平，復北上，奉旨揀發雲南，尋丁父艱。服闋，
遵例補蘇州督糧水利同知。漕運固多陋規，積弊既久，任事
者多罔庇分肥。鳳來悉革除之。復督採捍海塘石，檄勘太倉
州水災，再監漕務，署總捕篆，雖位卑官小，而以利國便民
爲心。一時稱善吏焉。嗣陞刑部安徽司員外郎，改河南懷慶
府知府，有政聲。召見，下旨褒嘉。[17]鄭兼才稱其「聲隆宦蹟，
望協鄉評，樹品敦倫，在臺郡亦何能數見？揚徽載筆，論鄉
賢應以此稱先。」連橫稱其「是則古之君子沒而祭於社也。」
第三，郡學（即府儒學）名宦祠計祀總督姚啓聖、靖海侯施
琅、水師提督施世驃、南澳鎮總兵藍廷珍、總督覺羅滿保、
巡臺御史林天木、巡道奇寵格、知府衛台揆、同知方邦基、
王作梅等人，此或爲開臺功臣，或為平定臺難有功，或為駐
郡大吏，或為駐郡道府及佐貳，非一邑所能獨專，故從祀府
儒學名宦祠。

　　第二類是昭忠祠的祭祀。昭忠祠的祭祀，鄭兼才用心最
多，文集中關於此事者，有〈上胡道憲請訂昭忠祠事文〉、〈上
胡道憲稟覆昭忠祠事〉、〈上胡道憲稟覆昭忠祠事〉（同名之文
二篇）、〈再上胡道憲〉、〈昭忠祠告竣文〉及〈入祀昭忠祠各

---

[17]　王鳳來的生平事蹟可見《臺灣通史‧鄉賢列傳》，同註 12，頁 961-962。

案員弁〉等文，這些文章都是討論昭忠祠祭祀的相關細節，何人宜入祀？入祀理由爲何？入祀之根據又如何？入祀昭忠祠各案員弁名單等等，可謂不憚其煩，仔細鉤尋。本文爲省篇幅，但錄一文以概其餘，鄭兼才〈昭忠告竣文〉云：

> 竊查昭忠之祠，所以獎忠烈而昭激勸。自嘉慶八年奉上諭命各郡立祠致祭，臺郡議附置嘉勇侯福康安等生祠旁，經奏明在案。嘉慶十二年兼才修臺縣志甫畢事，據奏冊備錄各案陣亡文武及兵丁牒縣擬詳請祀，因有請移祀歐陽總鎮等一案在前，書吏未諳，以未便更改，概行駁回。二十五年十二月兼才奉調再抵臺學任，於道光元年正月以前詳原案請祀於陛任葉道憲，三月再請於憲臺，均蒙鑒許；即向紳衿議捐公項銀三百圓，於六月十三日會縣興工。生祠內正廳左右各一廳二房，久爲藉口看祠者佔住；既逐出，乃撤去板壁，併作一廳，添設龕座，左爲昭忠東祠、右爲西祠。……。首祀康熙六十年朱一貴案鎮將，次接祀乾隆五十一年林爽文案之文武員弁。查此兩案均在嘉慶八年以前，向係入祀京師昭忠祠，因朱一貴亂後臺地官民追念歐陽總鎮等赴敵死難之忠，郡、縣城各立祠奉祀。迨奉憲皇帝敕旨，各郡縣建忠義孝悌祠，遂誤會以總鎮等遵奉入祀。今臺郡昭忠既有專祠，自合移祀，以符名實。但既有朱一貴案在前，便當以次順下，由林爽文、陳光愛遞至蔡案止；不能因林案陣亡經祀京師，隨意截割，以陳案經接朱案，致海外鄉愚疑缺林案，是以接聯重祀。而年久難稽，亦即在此一案。疊次稟承憲示，

·第二章·
·清臺灣縣學教諭　鄭兼才的儒學思想與實踐·

又蒙飭發道卷四宗，再四磨對，據議飭行知冊總開武職各班額數，以福建報銷清單所開及兼才前據奏冊所錄，按名以實其數，尚不能足額，其中失查尚多，而所祀一百二十八員優得卹典，則皆確有實據。又一名係未入奏，今據志詳准。合前後案計得百八十一員，即遵制供東西祠正面之龕。旁列兵丁總牌六；林案失查為多，就其可查者合各案東西祠各二十牌、東西廊各二牌，共為牌四十有四。遵制約五十人為一牌，總二千三百人。……。牌位皆兼才親書付刊；官爵詳略，祇因舊冊兵丁錄始林案領旗王奇生，舊與朱案鎮將並列忠義孝悌祠，茲移置總牌之首。自興工以來，並添蓋祠夫住屋。凡土木匠等項議價，多屬訓導王承緯，總期費省而事有濟，共用番銀二百零三元。又卑學文昌祠添設兩頭界牆，增置窗戶，修理磚庭，費四十二元。前收公項銀三百元，支銷外尚存五十五元，為昭忠祠添屋瓦、新牆壁、換廳磚並卑學忠義孝悌及節孝兩祠修理開用。至全祠上下內外及前座御碑亭修缺補漏，前面圍牆並中左右三大門，須再加三百金，方得成功，非一時所能遽及。已知會范令於本月二十八日辰時安奉開祭。理合先期具文告竣。……。[18]

上引文字是鄭兼才有關昭忠祠祭祀諸篇文章中最具概括性的一篇，其大旨有三：第一，昭忠祠所以獎忠烈而昭激勸，而所祀為歷來各大小變亂殉國之文武員弁兵丁，依次為：康熙六十年朱一貴案自忠義孝悌祠移祀者十七人、乾隆五十

---

[18] 此文見於同註 1，頁 28-30。〈入祀昭忠祠各案員弁〉則見於頁 30-34。

一年至五十三年林爽文案一百二十九名、乾隆六十年陳周全案七名、嘉慶五年陳錫宗案二名、嘉慶十年蔡牽案二十七名，計得一百八十二員，官爵詳略，俱見鄭兼才〈入祀昭忠祠各案員弁〉一文，另祀兵丁二千三百人。連橫《臺灣通史·謝鄭列傳》云：「府治昭忠祠祀陣亡官兵，頗有疏漏，（兼才）亦旁求事例，補祀二千四百八十餘人。」誠不誣也。第二，所祀各案員弁兵丁牌位，皆鄭兼才親書付刊，由此可見其敬謹從事。第三，交代昭忠祠興工諸事，計向紳衿議捐三百元，昭忠祠用二百零三元，縣儒學文昌祠費四十二元，尚存五十五元作昭忠祠、忠義孝悌祠及節孝祠修理開用。

第三類是節孝節烈的祭祀。此一祭祀，主要見於下列二文。鄭兼才〈上胡道憲〉云：

為酌訂節孝祠祀事。查節孝入祀，例由旌表；即或子孫無力請旌，尤必視其節烈尤著，歷久愈彰，方得憑公入祀。名宦、鄉賢皆然。不能因志中有傳，便可通行入祀。舊志載節烈三十一人，入祀十六人；內旌表者七人：陳越琪妻黃氏、……。雍正五年呈報入祀者六人：韋湯純妻林氏、……。兼祀鳳山節孝祠一人，王尋妻阮氏：本傳各註明入祀。以上皆合列為正祀。其未註明入祀者，王晉光未婚妻吳氏、張金生妻蔡氏，應仍舊與上十四人合祀。又，謝燦妻鄭氏，偽天興州所旌；……。嘉慶十二年修志續采二十九人，惟沈耀汶妻蕭氏旌表及二十四年請旌薛邦楊妻陳氏暖娘，均應列正祀。其未經題雄先製牌入祀者十九人：徐光庭妻董氏、……。謝燦妻鄭氏，傳列外編遺事，雖未便

與本朝所旌合祀,而綱常為萬古所繫,亦應於廳右附
祀。緣前節孝一稟,未奉憲批,謹擬照名官、鄉賢二
祠分別正、附祀,似較可行。如蒙批准,即補載志中,
俾後世有考,於祠祀尤覺慎重。[19]

又一篇鄭兼才〈上胡道憲〉云:

為請祀節烈以屬風化事。竊郡城昭忠祠,得疊奉憲示,
底於完功;而所祀陣亡文武員弁及兵丁,又蒙飭發卷
宗,再查補五十餘人,俾免缺漏。惟是閫外雄姿固奮
身不顧,而閨中弱質亦視死如歸。

查乾隆五十一年攝彰化令劉亨基十七歲女滿姑,六十
年彰化令朱瀾之媳魯氏、十三歲女群姑,均因城陷懼
污,滿姑先投水不得死,死於罵賊不屈,魯氏與群姑
亦不得死於水,並即投繯殞命。前兼才以滿姑事未見
奏冊,憐其孤魂無依,曾援河南滑縣強令冢媳事,擬
附祀節孝,上請於憲臺。及恭讀乾隆六十年上諭,魯
氏、群姑俱照滿姑例,於原籍建坊旌表,設位節孝祠
內,仍行文福建巡撫於該處烈女祠設位致祭;乃知滿
姑先時已有卹典,魯氏、群姑亦咸得優褒。天語下垂,
真不遺乎巾幗;風聲遠樹,宜無缺乎烝嘗。敢乞執事
札詢彰化令,該處有無創建烈女祠?群姑等曾否合
祀?如均未遵旨籌建,祀典未便久曠,兼才即於新建
昭忠東祠偏旁隙地,另捐建奉祀,以彰國制而慰貞魂。
在二令之獲愆,固於地方有誤;而三人之殉節,實於

家法無虧。名實之覈必嚴，不能因有子而寬其父；是
非之公自在，所宜祀本籍並及此邦。謹就管見所及，
越分陳請，臨稟不勝惶悚。[20]

上引文字的大旨有三：第一，節孝入祀，例由旌表，即
或子孫無力請旌，尤必視其節烈尤著，歷久愈彰，方得憑公
入祀。不能因志中有傳，便可通行入祀。在此原則之下，舊
志所載節烈三十一人，入祀者僅十六人而已，其入祀理由，
鄭兼才均一一言及。第二，節孝祭祀，分正祀、附祀。其已
旌表者，已呈報入祀者，為正祀；其未經題旌者及明鄭所旌
者，為附祀。第三，乾隆五十一年林爽文之變，攝彰化令劉
亨基等人為賊黨所殺，其女劉滿姑因城陷懼污，死於罵賊不
屈；乾隆六十年陳周全之變，彰化縣知縣朱瀾棄城走，其媳
魯氏、其女朱群姑，投繯殞命。鄭兼才謂「在二令之獲愆，
固於地方有誤；而三人之殉節，實於家法無虧。名實之覈必
嚴，不能因有子而寬其父：是非之公自在，所宜祀本籍並及
此邦。」閨中弱質，視死如歸：宜奉祠節孝祠：以厲風化，
而慰貞瑰。鄭兼才，臺灣縣學教諭也，三人殉節乃彰化縣事，
為恐祀典久曠，故敢越分陳請。

第五節　續修《臺灣縣志》，保存海東文獻

《臺灣縣志》始修於康熙六十年，知縣王禮輯，實際修
志者則為陳文達；重修於乾隆十七年，知縣魯鼎梅輯，實際
纂修者則為王必昌：續修於嘉慶十二年，知縣薛志亮輯，實

---

[20] 同前註，頁 37-38。

際纂修者則爲謝金鑾與鄭兼才。[21]鄭兼才時任臺灣縣學教諭，謝金鑾時任嘉義縣學教諭，都是以教官的身分參與纂修。鄭兼才的文集中頗多文章談及續修《臺灣縣志》一事，以下擇其要者述之。鄭兼才〈申請續修臺灣縣志文〉云：

竊以徵今述古，文獻兼資；補闕訂訛，纂修為重。臺灣古屬荒服，自入版圖，文物漸開；郡縣志書，紀載昭然，足資考信。弟查《臺灣縣志》重修於乾隆壬申歲，迄今五十餘年，中經林爽文之變，沿革損益，規制異前。如萬壽宮之肇創、巡臺御史之久裁、昭忠祠之奉敕特建、旌義祠之倡義更新與夫街市城垣之改造、學舍祠廟之增修，其鴻規鉅製，皆不可以不書。又如本邑學宮，兩經修建，地既由狹而廣，制亦由簡而隆，實因捐充屋地得拓舊規以及殿廡之捐造、祭器齋課之增置學田，皆前志所未有，又不可以不書。至若職官貢舉之有題名、循吏武功之當入傳、人物之首重忠孝節義、藝文之不廢雜記歌詩、學校之漸臻隆盛、番俗之日就文明，凡此雖係海外之規模，均關一朝之典故。惟積歲久遠，其中次第源委已難詳考。某奉調來臺，與臺灣縣薛令屢思興舉，俱阻於兵役。今則海氛不扇，山匪潛蹤，列憲宣播皇猷，一切善後事宜雖尚煩廑念，而教官藉庇寬閒，已得一意於文事。因思臺邑為附郭首邑，歷任各憲建節重地，凡興除善政、舉廢宏規，例當備書。其志視外邑所關較重，而頭緒亦較繁，非

---

21 陳文達《臺灣縣志》列為《臺灣文獻叢刊》第 103 種，王必昌《重修臺灣縣志》列爲 113 種，謝金鑾《續修臺灣縣志》列爲 140 種。臺灣銀行經濟研究室。大通書局印行。

得淹通博雅，未易綜覈詳明。竊見嘉義縣學謝教諭金鑾，醇實端方，學有本原。令掌斯役，非惟繼事修明，足補未備；而於前志所載，其異同得失之故，必能有所折衷，以傳來許。某在任已越兩年，耳聞目睹，亦得與薛令仰承大示，博采輿論，參覈成書。大抵體例仍其舊有，事實益所本無，與前志別為一編，統眾人歸於一手，庶意見不至錯出，而刻期可以告成云。紳士捐資業就緒，容開局日酌擬條款。[22]

此文就為何要續修《臺灣縣志》，闡述甚詳。第一，舊修《臺灣縣志》距今（指嘉慶十二年）已有五十餘年，中經林爽文之變，沿革損益，規制異前。鄭兼才於是詳舉今昔之異，以為凡此雖係海外之規模，均關一朝之典故，不可不書。第二，臺灣縣為臺灣府首邑，歷任各憲建節重地，凡興除善政、舉廢宏規，例當備書。其志視外邑所關較重。第三，推薦嘉義縣學教諭謝金鑾主掌斯役，以其人醇實端方，學有本原，於前志所載，其異同得失之故，必能有所折衷，以傳來許。事實上，續修《臺灣縣志》，謝金鑾、鄭兼才各有其功，而此二人往返書信亦多論及此事，舉一以概其餘。鄭兼才〈與退谷〉云：

臺邑志稿，前年薛司馬札來，謂開雕姑蘇，經吳中舊友參訂；司馬死，其稿本梓否未詳。閣下精力苦心具見是書，今尚付之不可知，兼才懼焉。世儒泥於重道德之語，輒卑視興復營建諸舉，不知聖人只在誠偽上

論，苟涉於偽，即自以為道德，亦屬空物，何論事功？若既所志無他，肯以其心為百姓用矣，即一手一足之烈，一土一木之功，安在非治理所關。故臺志一役，兼才以為海外事功在此矣。

載道之書，莫備於夫子。然贊修刪訂，皆與弟子反魯後事，其初固未遑及。周公多材多藝，而所著《周禮》竟為未成之書。非周公不能成也。觀公之告君奭，則公之功固有重於《周禮》之作者，孟子知當務之為急也。以周、孔二大聖人觀之，固先汲汲於仁覆天下，而後以其書教萬世也。

臺灣當兵燹之餘，孤懸海外，綏輯安撫之計，足以重當路憂而不可旦夕寬，誠有十倍於臺志者。然閣下與兼才之官，固學官也，其責任不足以繫海外之安危，而實有關於邑乘之興廢。孔子作《春秋》，謂託之空言，不如見諸行事。志之修，亦猶是也，固關治理之大，而為閣下見諸行事之書也。弟以未梓之故，竟無一人任其責而續其成，亦可慨也矣！別久離緒滿懷，感念舊事，聊復及之，幸有以教我。[23]

　　鄭兼才以為續修《臺灣縣志》「海外事功在此矣」，謝金鑾與鄭兼才均為縣學教諭，學官也，其責任不足以繫海外之安危，而實有關於邑乘之興廢。孔子作《春秋》謂「吾欲託之空言，不如見諸行事之深切著明也。」續修《臺灣縣志》亦猶是也，關係治理之大，乃見諸行事之書。一事一足之烈，

---

[23] 同前註，頁 75。

一土一木之功，均為治理所關，職司學官，邑乘之修正責無
旁貸之事。至於謝、鄭之分工，《續修臺灣縣志·凡例》云：
「是編於去取持擇，必嚴必慎；探訪查覆，必信必確，實惟
兼才總其事。至於命意抒論，起例發凡，編為章段，筆墨之
勞，金鑾有不得辭者。」此外，鄭兼才對《續修臺灣縣志》
的另一貢獻是辨清各項祠祀，其書《凡例》云：

> 儒學有忠義孝悌祠，係雍正二年奉旨建立。本只一祠，
> 非有區別，蓋忠義孝悌雖云四項，其實一理相通，難
> 以劃然也。於是儒學之內，定制當立者，凡有四祠：
> 官斯土者有惠政則應祀名宦祠，一也。本地搢紳有賢
> 者則應祀鄉賢祠，二也。本地士夫行誼卓絕者，則應
> 祀忠義孝悌祠，三也。婦女貞節者，則應祀節孝祠，
> 四也。四者犁然，本無牽混。緣康熙六十一年周鍾瑄
> 來為縣尹，其時初平朱一貴，有總鎮歐陽凱輩十二人
> 捐軀殉難，於是周尹立祠以祀之，名日忠義。其時諸
> 事草創，未能別建特祠，故寓於學宮之門左。此所謂
> 忠義祠，即今昭忠祠之旨也。至雍正二年，方奉上諭，
> 特立忠義孝悌祠；而董修學宮者，漫不加察，但見左
> 有忠義祠，遂立孝悌祠於右以配之，於是將忠義孝悌
> 分為兩祠，以忠義予殉難之軍官、以孝悌祀本地之賢
> 士，割裂混淆，禮制不清，由於不察典章之故。以後
> 修志者，亦不能分別，以訛傳訛，直至於今，茲嘉慶
> 十二年，經教諭鄭兼才詳請改正。是編於各項祠祀，
> 亦逐一辨清，觀者詳之，毋致如前之訛。[24]

---

[24] 見註 2 所揭書〈凡例〉，頁 14-15。

　　此《凡例》言於儒學之內，定制當立祀者有四，四者犁
然，本無牽混。忠義孝悌本為一祠，後之修學宮及修志者，
誤以為兩祠，以忠義予殉難之軍官、以孝悌祀本地之賢士，
割裂混淆，禮制不清，此皆由於不察典章之故。鄭兼才特陳
請另建昭忠祠，而原祀忠義洞之文武員弁兵丁移祀之，此事
已見本文第三節所述。崇祀之事，鄭兼才用心最多，不僅實
際規劃執行，於修志時又修訂舊志之誤，其有功於祀典與邑
乘，豈云小哉！

　　又，鄭兼才〈上胡墨莊觀察再訂臺邑志稿條記〉及〈上
汪制軍論修臺灣縣志書〉為討論修志細節之文。〈續修臺灣縣
志列傳〉為補陳元恕、楊志申、薛邦楊、許鴻、吳國美、陳
思敬，李凌霄、陳鳳八人傳記之文。《續修臺灣縣志後跋》則
言此志續修始末及其中分合改易諸事。「天不終陋海東文獻」
（鄭兼才〈上胡道憲〉語），鄭兼才保存文獻，考訂制度，述
風土，道民情，後之修史者取資焉，有功於臺灣之學官也。

第六節　結論

　　「經世濟用」是儒學的一貫傳統，鄭兼才為師儒官，充
分體現了此一精神。陳壽祺〈臺灣縣學教諭鄭君墓志銘〉云：
「君學有本原，敦厚而廉直。自以職在教學，毅然以潔修庠
序、闡揚幽隱、扶植人倫、整齊風俗為己任。歷安溪、建寧，
再至臺灣。凡文廟、殿閣、明倫堂及名宦、鄉賢、忠義孝悌、
節孝祠，莫不勸施興作。……。其好義尤力者，或專銜詳報；
祀典所不備，則審稽先烈潛德請補之。……君雖為師儒官，

常急鄉國利病，有可言於當事，則大聲疾呼，救之如恐不及，蹶然忘其位之卑而身之爲眾忌也。」[25]潔修庠序、請廣學額解額、蔡牽之變之平定、蛤仔難之內附、昭忠祠祀典之詳加釐訂、《臺灣縣志》之續修，此其有功於臺灣之犖犖大者。推廣儒學，發潛德之幽先，保存海東文獻，眞「學校之干城，儒林之圭臬」，爲儒學思想與實踐合一之典範。

參考書目

《六亭文選》　鄭兼才　大通書局本

《臺灣縣志》　陳文達　大通書局本

《重修臺灣縣志》　王必昌　大通書局本

《續修臺灣縣志》　謝金鑾　大通書局本

《臺灣通史》　連橫　大通書局本

《臺灣史》　林衡道主編　臺灣省文獻委員會

（原刊登《成大中文學報》第 6 期，頁 129-148，中華民國 87 年 5 月）

---

[25] 同註 1，頁 115。

第三章

謝金鑾的儒學思想與實踐

第一節　前言

　　謝金鑾，字退谷（一說字巨廷，一說字巨庭），福建侯官人。乾隆五十三年（西元一七八八年），舉於鄉。嘉慶六年，任邵武教諭，嗣調南靖、安溪，所至以興學為任，士論歸之。十年，任嘉義教諭。秩滿，十三年調南平教諭，嗣移彰化，復調安溪。欲引退，諸生籲留，未幾遘病歸里，卒年六十有四。《邵武府志・名宦傳》著錄其著作有《周易卦說》、《王制開方圖》、《句股算法》及《教諭語》，《臺灣通史・謝鄭列傳》言其又有《二勿齋文集》。道光五年（西元一八二五年）入祀福州鄉賢祠。謝金鑾之卒年不得晚於道光五年，其生年不得晚於乾隆五十三年，依其得年六十四推算，約生於乾隆二十五年（西元一七六〇年）左右。其一生擔任過六個縣學教諭，其中安溪縣回任一次，清朝官制，教諭屬正八品，連雅堂謂其為「冷署閒曹之官」。其部分著述及行誼可見於《邵武府志》、《侯官縣鄉土志》、《臺灣通史》、《續修臺灣縣志》、《治臺必告錄》等。教諭乃清代縣級教育官員，負有啟迪教化之責，是儒學思想的第一線傳播者，也是實踐者，其潛德幽光有足堪論述之處。本文之作即在表彰這位與臺灣、福建有密切關係，並著有功績的儒學賢教諭。

第二節　對「聖人之道」的詮釋

　　嘉慶九年，薛志亮任臺灣縣知縣，鄭兼才為臺灣縣教諭，二人以夫子廟年久未修，共商於臺邑紳士，謀勸捐改葺。紳

士林朝英及諸紳衿勸捐、董工作者，炎曦暑雨，不辭勞苦。頻年遭寇亂，時罷時作，嘉慶十二年秋，廟乃成。徵文於謝金鑾，以紀諸石，金鑾於是撰〈臺灣縣學夫子廟碑記〉，此文前二段闡釋「聖人之道」甚詳，其文曰：

> 人之所不可離者，日用事物也；而其間有當然之道焉。率而由之，則事治而所行達。明其所當然，謹由之，兢兢罔有失者，謂賢；動容周旋中禮，從心所欲不踰矩者，謂聖；則吾夫子是已。聖之所為，即眾人之所為，日用事物無外也，聖處之無不當者，以眾人處之，亦毋容有不當。一有不當，則小者窒礙而不通，大者將決裂潰敗至於不可救，終必反於所當然而後安焉。夫其所當然者，吾夫子之道也。自漢高帝以太牢祀孔子繼世禮彌隆。國朝版宇式廓，遠及海隅，莫不欽崇廟祀。粵惟聖祖仁皇帝契心聖揆，紹源洙泗，御書萬世師表於廟廷，所以佑啟我後人者，誠知聖之真且切也。

> 蓋謂聖人之道，非迂遠高深，而其事甚近。聖人之為聖人，非如天如神，而其行至庸。凡聖人之所行，皆眾人所能行。眾人之所行，不法於聖人則不達。此吾夫子之所以師表於萬世也。是故夫子曰：「道不遠人，人之為道而遠人，不可以為道。」夫不遠人者，日用事物是也。人即自棄以為無能於道，其能舍日用事物乎？是故聖人之道，猶衣食裘葛然。今試進饑者而問焉，曰：能不食乎？曰：不能也。試進渴者而問焉，曰：能不飲乎？曰：不能也。饑而食、渴而飲者，聖人之道也。又試進寒者而問焉，曰：能不裘不絮乎？

曰：不能也。試進熱者而問焉，曰：能不葛不絺乎？
曰：不能也。冬裘而夏葛者，聖人之道也。向使饑渴
寒熱之徒，必悖於聖人之道而不食、不飲、不葛、不
裘焉，則必至於傷生害命而後已，而人不肯也。獨至
於君臣父子夫婦昆弟朋友之倫、聲色貨利富貴貧賤之
交、是非取舍之大閑，則不求諸道，而妄為之；嗟夫！
以是而比諸饑渴飲食寒熱裘葛之關人，殆有甚焉者。
苟不由其道，其不至於決裂潰敗而不救者，蓋寡矣。
若是者欲有以蔽之，而知昏也。聖人於是教之明理而
致知，曰：有學焉。學也者，由不知而可至於知，由
不能而可至於能者也。有不待學而知能者，飲食裘葛
之類；有必待學而後知能者，事大於飲食裘葛，其理
亦與飲食裘葛無異也。必待學而知能者，雖聖人未嘗
不學。故曰：「我非生而知之者，好古敏以求之者也。」
夫好古敏求者，學也。故曰：「十室之邑，必有忠信如
某者焉，不如某之好學也。」又曰：「下學而上達，知
我者其天乎！」夫下學者，功也；上達者，效也。效
為其時所自致，功則在已所當盡。然則夫子之所以為
聖人者，一下學而已畢矣。故曰：「二三子以我為隱乎，
吾無隱乎爾，吾無行而不與二三子者，是某也。」蓋
深懼乎世之人以吾道為高深元遠之一物，以吾身為如
天如神之一人，而不知其在日用事物之間，當前即是，
學則得之，不學則不得者，聖人無以異於人也。[1]

---

[1] 道，非迂遠高深，而其事甚近。此即《中庸》。謝金鑾：《續修臺灣縣志》（臺北：臺灣銀行經濟研究室，1962 年，臺灣文獻叢刊第 140 種），頁 520-523。

上文有兩個重點。其一：人之所不可離者，日用事物也，聖
人之所為，即眾人之所爲，聖人之道，非迂遠高深，而其事
甚近。此即《中庸》第一章所云：「道也者，不可須臾離也，
可離非道也。」第十三章所云：「道不遠人，人之為道而遠人，
不可以爲道。」第二十七章所云：「大哉聖人之道！洋洋乎！
發育萬物，峻極于天。優優大哉！禮儀三百，威儀三千。待
其人而後行。」此不遠人、不可離、待其人而後行之道即日
用事物，即聖人之道，聖人先獲我心之所同然，動容周旋中
禮，從心所欲不逾矩而已。其二：聖人之道必待學而後知而
後能。學也者，由不知而可至於知，由不能而可至於能者也。
必待學而知能者，雖聖人未嘗不學。《論語•述而篇》：「子曰：
我非生而知之者，好古敏以求之者也。」尹焞曰：「孔子以生
知之聖，每云好學者，非惟勉人也，蓋生而可知者義理爾，若
夫禮樂名物，古今事變，亦必待學而後有以驗其實也。」[2]《論
語•憲問篇》：「子曰：下學而上達，知我者其天乎！」程子
曰：「蓋凡下學人事，便是上達天理。然習而不察，則亦不能
以上達矣。」[3]《論語•述而篇》：「子曰：二三子以我為隱乎！
吾無隱乎爾。吾無行而不與二三子者，是丘也。」朱熹云：
「諸弟子以夫子之道高深不可幾及，故疑其有隱，而不知聖
人作、止、語、默，無非教也，故夫子以此言曉之。」程頤
曰：「聖人之道猶天然，門弟子親炙而冀及之，然後知其高且
遠也。使誠以爲不可及，則趨向之心不幾於怠乎？故聖人之
教，常俯而就之如此，非獨使資質庸下者勉思企及，而才氣

---

[2] 朱熹：《四書章句集注》（臺北：大安出版社，1996 年），頁 131。
[3] 同前註，頁 219。

高邁者亦不敢躐易而進也。」[4]聖人所學者，君臣父子夫婦昆弟朋友之倫、聲色貨利富貴貧賤之交、是非取捨之大閑、禮樂名物、古今事變者也。上引宋儒之所言與謝金鑾對「聖人之道」的詮釋，若合符節。

　　道之不離於日用事物者，至近而至切，聖人可學而至者，而竟不容於稍不學，當前即是，學則得之，不學則不得，宋儒所謂「在事上磨練」。謝金鑾驗諸飲食裘葛之近人，而揭諸倫常取捨之大節，本諸夫子之所自言，而證諸宋儒之所詮解。謝金鑾此文乃清代臺灣儒學之重要文獻，在臺灣儒學史上有其一定的價值。

第三節　對文昌帝君信仰的詮釋

　　「文昌」一詞既指天神，也指人鬼，後來兩種定義逐漸合流。就天神言，文昌星神司祿職；就人鬼言，附會於四川梓潼縣的地方神祇，此神名張亞子，仕晉戰沒，人為立廟，文獻頗多載其庇祐士子科考高中之事。文昌帝君信仰在金朝以後滲入孔廟，歷宋、元、明不衰，清嘉慶六年（西元一八〇一年）更列入國家祀典，皇帝對之行九叩之禮，與關帝文武並稱。陳昭瑛說：「文昌帝君信仰的風行曾使較具正統意識的儒者產生危機感，在加以批評、排斥仍無法遏止其流行的情況下，這些儒者也不免將此一民間信仰加以合理化、道德化、甚至儒學化，以避免文昌信仰對儒生階層、儒學道統所

---

[4] 同前註，頁 132。

可能造成的負面影響。」[5]，清代臺灣遊宦官吏及地方儒紳，頗多探討到此一問題，謝金鑾《續修臺灣縣志·學志》在記載了奎光閣、文昌祠、魁星樓、敬聖樓之後有所評論，對文昌帝君信仰做了多層次的詮釋。其文云：

> 論曰：文昌之祀於學官也，由來已久。謂紫微垣六星，在斗魁之南，並主天下文明之府。祀文昌猶《周禮》祀司中司命，其旨似也。道之顯者謂文，言文即言道也。祀之學宮，誰曰不宜？自元、明二代，以梓潼縣陷河神為文昌帝君，……；而道家遂謂，帝令梓潼帝君主文昌祿籍，由是天下群然祀者，殆皆志科名求福之意，其去道漸遠矣。然今世之奉文昌者，出其書有陰騭文、感應篇、丹桂籍、功過格，大都本於福善禍淫之旨，以為修身飭己。功過格之法，日自記所為，夜焚香質於神，……，忠信之士信而奉之，則日用起居皆有所警畏。所謂苟志於仁無惡者，其不流於無忌憚也信矣。自聖學不明，士以孔孟之書為弋取科名之具，而不能明理致知，以為行己之恥，忽有怵禍福、知戒懼、兢兢於身心舉止、不敢妄為者，則於梓潼之書，猶有賴焉。故功令以列於祀典。今郡縣學皆祀文昌，而南中二社惜字敬聖者，克勤克慎，其說皆本於梓潼；外此有祀文昌於小南門城樓之上者，曰振南社，則太原楊御史始其事。御史作興文教，偉矣；然篤於風水之說，建秀峰塔於南，命祀文昌於小南門城樓之

---

5 陳昭瑛：〈臺灣的文昌帝君信仰與儒家道統意識〉，《臺灣儒學─起源、發展與轉化》（臺北：正中書局，2000 年），頁 81。

上，祀魁星於大南門城樓之上，謂可協五行而應星宿，遂使文明之象，冷落闐闠，夜聽巡鉦戌鼓之聲，與廝卒為伍。……。太原之說，殆堪與家之陋者。故是誌於振南社之祀，置不錄。蓋欲以正祀事而破堪與之陋也。[6]

這段文字有五個意義。第一：文昌帝君祀於學宮，已是大勢所趨，國家且列為祀典，儒者只有接受，只好編出「主天下文明之府」、「道之顯謂文，言文即言道。祀之學宮，誰曰不宜？」一套說詞，承認既成事實。第二：士子之所以崇祀文昌帝君，以其主功名祿籍，國家之所以崇祀，亦不無籠絡文人之意，堅守儒學道統意識的謝金鑾無法苟同這種功利色彩，所以說「天下群然祀者，殆皆志科名求福之意，其去道漸遠矣」。第三：文昌帝君信仰亦非一無是處，亦有「福善禍淫之旨，以為修身飭己」，日用起居皆有所警畏，知戒懼，競競於身心舉止而不敢妄為，近於儒學「慎獨」之意，所謂「苟志於仁無惡者，其不流於無忌憚也信矣」，在孔孟之書淪為弋取科名之具後，「梓潼之書，猶有賴焉」。這是文昌帝君信仰的「儒學化」、「合理化」、「道德化」，有「援道入儒」的意味，文昌帝君在冥冥之中考核士子的道德，德行不修，科名無望。第四：惜字敬聖（指制字之神倉聖，即倉頡）信仰，克勤克慎，其說亦本於梓潼，文字乃聖人之遺蹟，崇聖亦必崇聖人之遺蹟，有感恩圖報之意。這有「儒道合流」的意味。第五：文昌帝君、倉聖可以「合理化」「儒學化」或「儒道合流」「援道入儒」但對風水之說、堪與之陋，則不予苟同，所以對楊

---

[6] 同註1，頁162。

御史（二酉）祀文昌於小南門城樓之上，祀魁星於大南門城樓之上，謂可協五行而應星宿云云，加以批判，不錄於此誌，「蓋欲以正祀事而破堪輿之陋也」。

　　謝金鑾此論婉轉曲折，不能得罪廣大求功名的士子，也不能反對列於國家祀典的信仰，於是借力使力予文昌帝君信仰「儒學化」的詮釋。但對陰陽五行、天人感應那一套陰陽家者流之說則不予認同。謝金鑾的儒學立場在非常巧妙的情況下護持住了。

第四節　建議「蛤仔難」設官治理

　　蛤仔難，又稱噶瑪蘭，又稱甲子蘭，即今之宜蘭。早在乾隆三十三年即有淡水人林漢生入墾，嘉慶元年，漳浦人吳沙復募三籍流民、鄉勇前進，築土堡以居。之後屢經墾民請求內屬，官府多次查勘，嘉慶十七年八月，始收其地，設噶瑪蘭廳，置撫民理番通判，自是以來，移民群至，治溝洫，興水利，險阻集，物土方，而噶瑪蘭為樂國矣。此地正式收入清朝版圖極晚，導因於當道咸以險遠爲難，但求一日之苟安，不爲百年千載之大計。鄭兼才、謝金鑾則極力主張設官治理。[7]謝金鑾著《蛤仔難紀略》六篇，首原由，次宣撫，次形勢，次道里，次圖說，而終之以論證，其中論證篇爲連雅堂《臺灣通史‧撫墾志》所全引，以其爲此邦之重要文獻也。

---

[7] 蛤仔難（噶瑪蘭）之撫墾，詳見連雅堂：《臺灣通史‧撫墾志》（臺北：黎明文化公司，1985 年），頁 411-414。

蛤仔難之不可棄,謝金鑾以為有七個理由,其文曰:

> 為官長者,棄此數萬民,使率其父母子弟,永為逋租、
> 逃稅、私販、偷運之人而不問也;此其不可者一。棄
> 此數百里膏腴之地田廬畜產,以為天家租稅所不及也;
> 此其不可者二。民生有欲不能無爭,居其間者漳、泉
> 異情,閩、廣異性,使其自踐自殺、自生自死若不聞
> 也;此其不可者三。且此數萬人之中,一有雄黠、材
> 智、桀驁、不靖之人出而馭其眾,深根固蒂,而不知
> 以為我疆我土之患也;此其不可者四。蔡牽窺伺、朱
> 濆鑽求,一有所合,則藉兵於寇、齎糧於盜也;此其
> 不可者五。且其形勢南趨淡水、艋舺為甚便,西渡閩
> 安、五虎為甚捷,伐木柜塞以自固則甚險;倘為賊所
> 有,是臺灣有近患,而患即及於內地;此其不可者六。
> 今者官雖未闢,而民則已闢,水陸往來,木拔道通,
> 而獨為政令所及;奸宄凶人,以為逋逃之藪,誅求弗
> 至焉;此其不可者七。凡此七者,仁者慮之,用其不
> 忍之心;智者謀之,以為先幾之哲;其要歸於棄地、
> 棄民之非計也。[8]

蛤仔難如果收入版圖,設官治理,有許多好處。第一,
可以減少逃稅、走私,增加稅收,這對國家財政有益。第二,
漳泉閩粵之爭鬥,官府可以依法處置,可以維護社會治安。
第三,形勢險要,易守難攻,可以避免盜賊竊踞,馭眾反叛,
可以維護國家安全。第四,官雖未闢,而民則已闢,其民吾

---

[8] 《治臺必告錄》(臺北:臺灣銀行經濟研究室,1959 年,臺灣文獻叢
刊第 17 種),頁 93-97。

國之民，其地吾國之地，若不設官治理，則政令不及，不孚民望，無法宣示國家主權。在財政稅收、社會治安、國家安全、國家主權上均有重大助益，謝金鑾認爲這是仁者智者當慮當謀之事。

　　蛤仔難之民居者已數萬，墾田不可勝計，乃咨嗟太息，思爲盛世之民而不可得，天地之間斷無此理。至若有以「蛤仔難之民久違王化，其心叵測，驟欲馭之，懼生禍端」爲疑者，謝金鑾答之曰：「夫君子之居官，仁與智二者而已。智者之慮事，不在一日而在百年；仁者之用心，不在一己之便安，而求益於民生國計。倘敬事以愛民，蛤仔難之民，即堯舜之民也，何禍端之有？楊太守（耀潾按，指臺灣府知府楊延理）之入也，歡聲動地。驅爲義勇，則率以從；索其凶人，則縛以獻，安在其久違王化哉！苟其圖利於身，弗達時務；抑或委用非人，土豪奸吏把持，行私乎其間，則其啓禍也必矣。」[9]敬事愛民，任用賢能，不圖私利，「子帥以正，孰敢不正？」「何必曰利，亦有仁義而已矣。未有仁而遺其親者也，未有義而後其君者也。此均儒學政治思想之核心部分，苟以才德卓絕之士出宰此邑，則蛤仔難可爲樂國樂土矣。

　　連雅堂《臺灣通史・謝鄭列傳》云：

　　噶瑪蘭開設之議，前後繼起；而金鑾之論，尤爲剴切；兼才之語，亦有同心，是皆有用之文也。士君子讀書論世，操筆爲文，足垂不朽。而儇薄之徒，但工藻繪，拘虛之子，多屬空談，非所以爲經國之業也。夫不知

---

[9] 同前註，頁 95。

而言，是不智也；知而不言，是不忠也；不智、不忠，非人也。若乃二子以冷署閒曹之官，而為拓土開疆之計，可謂能立其言者矣。[10]

經世濟用為儒學一貫優良傳統，雅堂稱許金鑾之論為「剴切」、為「有用之文」，足垂不朽。以正八品教諭之小官，而能為經國大業之文，為拓土開疆獻策，可謂能立其言，在宜蘭開發史上有不可抹滅之貢獻。

第五節　提出弭除「分類械鬥」的方策

所謂械鬥，即指聚眾持械私鬥，是一種社會暴力衝突；因械鬥常含有地緣觀念或種族意識，所以在台灣方志中均稱之為「分類械鬥」。清代臺灣移民之聚居，不以血緣為分類，而以地緣為分類，姚瑩曾云：「臺灣之民，不以族分，而以府為氣類，漳人黨漳，泉人黨泉，粵人黨粵，潮雖粵而亦黨漳。」因此，在械鬥時各依其類。臺灣的分類械鬥可分為七種，即：（一）省對省，如閩粵分類械鬥；（二）府對府，如漳泉分類械鬥；（三）縣對縣，如艋舺「頂下郊拼」；（四）姓對姓，如陳林李三姓械鬥；（五）職業對職業，如挑夫械鬥；（六）樂派對樂派，如西皮福祿械鬥；（七）村落對村落。[11]「分類械鬥」有時會演變成「民變」（政治暴力衝突）。

關於「分類械鬥」的研究概況，林偉盛《羅漢腳－清代臺灣社會與分類械鬥》一書有極詳盡的介紹，多集中探討分

---

[10] 同註 7 所揭書，頁 807。
[11] 廖風德：《臺灣史探索》（臺北：臺灣學生書局，1996 年），頁 23。

類械鬥的政治、社會、經濟層面及其表面分析。[12]這些研究取
向似乎沒有興趣去解釋當時的知識分子對分類械鬥的焦慮與
提出的道德原則，使得清代的儒者對社會的關懷與道德實踐
的時代課題隱沒不彰，林朝成開始嘗試從儒家倫理的角度，
正視分類械鬥對清代知識分子的挑戰及其對應之道。[13]事實
上，分類械鬥不僅發生在臺灣，也發生在福建，謝金鑾在嘉
慶年間的閩、臺多個縣任縣學教諭，非常關心此一時代議題。
筆者以為，他的《泉漳治法論》十篇[14]，對閩、臺的分類械鬥
有最廣泛的討論，而其立論完全立基於儒學倫理，本節試論
述之。

謝金鑾《泉漳治法論·察由》云：

> 其事關乎鄉邑者，則率眾合族，私相侵伐，由是有械鬥
> 之事。鬥而死傷適均，居間者可和以解也；吾殺彼二
> 人，而彼殺吾三人焉，則必約眾再鬥，曰吾持其平而
> 已。蓋捕犯刑拷以伸屈抑、殺人抵命而持其平者，人
> 心天道之當然也；第官不能，則移其權於民而已。[15]

---

[12] 林偉盛對「分類械鬥」的研究請見林氏：《羅漢腳－清代臺灣社會與
分類械鬥》一書（臺北：自立晚報社文化出版部，1993 年）。廖風德
從「社會暴力」的概念研究「分類械鬥」，可歸於社會層面的研究，
廖氏的研究見同前註所揭書，頁 23-35。

[13] 林朝成：〈移民社會與儒家倫理－以分類械鬥為中心的研究〉，《第二
屆臺灣儒學國際學術研討會論文集》（臺南：國立成功大學中國文學
系，1999 年），頁 261-273。

[14] 《泉漳治法論》十篇收入《治臺必告錄》一書中。其篇名分別如下：
〈察由〉、〈知難〉、〈任役〉、〈用恥〉、〈械鬥〉、〈擄禁〉、〈抗官拒捕奪
犯殺差〉、〈親民〉、〈重士〉、〈治下南獄事論〉，其文見註 8 所揭書，
頁 97-113。

[15] 同前註，頁 98。

官府不能持平處理械鬥糾紛，無法為人民所信賴，人民只好自行私了，為何會如此？其主要的問題在於吏役受賄，這是吏治上的嚴重問題。解決的方策，第一要「慎簡其人，教之以善；官之親隨左右及吏胥輩有好善而不貪者數人可任以共事，實移風易俗之要圖也。」第二要做到「廉且公」「今民之鬥爭紛亂，莫可調停者，惟官長可以調停之。其好鬥者，亦壓於官長而不敢復作，其調停後復鬥者，必鬥子、吏役受賄，官強制於民而不得其平故也。然其調停後復鬥者，仍非官無以調停之；則亦曰廉且公而已矣。」[16]

吏役不貪，在處理械鬥糾紛時便能公正，取得人民的信任，然後輔之以道德勸說及誠信共識，所謂「此其不共戴天，非國法所能止也。治之之術，亟之無益，置諸法難以稱情，得一二人而誅，往往不當其罪，而其禍不息。嗚呼！是必積誠相感，涕泣以道，使之瞿然驚、翻然悔、愀然不知悌之何從，而後以善術處之，庶乎可幾也。嗚呼！是非寡德者之所能為也。」[17]顯然，儒者並不以政治或刑法手段解決分類之禍，而是以道德勸說，重建社會的誠信共識。然此道德勸說，不只是個人的德性，同時也是行政與司法的倫理，才足以見效，因此，社會的互信需有德者為之倡導，也需有效的公共領域的規範，才足以成事，這就是所謂的「以善術處之」。[18]

縣官為了弭平分類械鬥，除了廉且公、誠信之外，還有許多事可做，首先是「用恥」，謝金鑾說：

---

16 同前註，頁 108。
17 同前註，頁 102。
18 同註 13 所揭書，頁 265。

傳者曰:「知恥近乎勇」,又曰:「用人之勇去其怒」。
且夫恥生忿、忿生暴者,泉、漳之民也。一轉移其心,
可用以為善;惟上有以去其蔽而激之以興耳。夫彼之
好勇鬥狠、犯不韙而不避者,恥受屈於人,思有以勝
之耳。勢屈於人,利奪於人,則內顧若無地自容;其
憤不愛生者,且相助以起也,非恥心之所激與?惜乎
其所恥者,僅勢與利也。夫勢屈而利被奪者,怯弱於
一時而已,而理尚有得伸。若夫殺人犯法,則理屈於
人,比其倫於亂民、列其名為兇犯,齒身囚隸,等類
捕亡,何獨無恥也!且殺人之父,人亦殺其父;殺人
之兄,人亦殺其兄,與自殺何異?彼以為吾能殺之,
其勢有以勝之,而不計其自殺者,固未嘗勝人也。其
或爭利而動者,所爭未得,而所費已十倍。朝而鬥殺,
暮而鳩訾以啗官府;兵役怒而攫之、胥吏坐而飽之、
招搖撞騙之徒詐之以去。其得達諸官府而買罪者,猶
幸也。素日視一錢如命,一旦受欺、受詐,棄如泥沙
而不知愧。[19]

泉、漳之民知恥,但僅恥「勢屈於人、利奪於人」,因此而做
出種種愚蠢無知、有損生命財產之事。「夫仁人君子之用心,
才德出眾之循吏,當此豈途無術?禁之不可,威之;威之不
行,諭之;諭之不止,激之,其俗可變也。是自明其理以先
之,善其術多方以啟之,積誠以感之,痛詞以發之,因其所
明而通之,犯其所惡以觸之,策家長以開其端,訓生員以行
其化;於是乎鄉約以聚其人,讀法以柔其氣。……。其勸也,

---

[19] 同註8,頁101。

其鄉之善也，祠堂則榮其匾額，徵收則薄其陋規；鄉耆則予以賞賚，衿監則隆以禮文。其懲者，其鄉之頑以悍也，褫其祠堂匾以辱之，書其囚隸之姓名榜諸壁，圖其逋亡之狀貌糊諸牆，散而施諸近鄉之墟市，強族之生員則難其科舉。吾恐其鄉之人必恥以怒也。」[20]恥之用大矣哉！但須以公理正義之不得伸張為恥，非以「勢屈於人、利奪於人」爲恥。「用恥」是教化泉漳人民，使之能認清好勇鬥狠、犯不韙而不避之害處。以此多方之術，獎勸之，懲戒之，使其勇於公義而恥於私鬥。

就縣官來說，則要師法《大學》「親民」之義。「縣令，親民之官也；知所以親之，可以為令矣。故其視民也，常如家人婦子然。一日不相見，則虞其寒暄饑飽之失時也，出入起居之不謹也：醜夷則慮其有爭，職業則憂其或曠也。而亦使民之視吾縣令，常如父母家長然。一日出遊，則必審其行蹤之所之也，慮其步履之失提攜也。興一役慮其爲長者憂也，遇一難懼其爲長者感也。」[21]「輕騎減從，一食一簞、茶爐酒榼，所至召父老與語，道疾苦；為耕者課農桑，爲讀者正句讀，近村之衿耆皆附以至；無官府期會之勞，而有家人婦子之樂。則其鄉風之淳澆、生理之豐嗇、子弟之賢不貨，皆在吾意中；而其肫然之仁、藹然之意，樂其所樂、憂其所憂者，民悅之，日忘其爲官也。家庭幃闥之私，有來告者乎，況其鼠牙雀角不待詞訟而消者，日不知凡幾輩矣。有令如是，吾慮其械鬥者無暇於械鬥，擄禁者無因而擄禁，仇讎者日忘其

---

[20] 同前註。
[21] 同前註，頁107。

仇讎，無大獄也。」[22]如此勤政愛民之好官，必帶來良善風俗，社會治安不知不覺中就改善了。然「今之爲令者，其視民也，如魚肉；而民之視令也，如虎狼。凡有下鄉，皆爲得錢而來，不得錢，不知有百姓也。」[23]不能取得人民之信任，人民避之惟恐不急，上下睽乖，縣如無官之縣、民如無官之民，如同「無政府狀態」；於是「自相爭、自相擄、自相刑、自相殺」之「危機社會」產生矣，豈有為民父母宰斯土者一任其如此乎？

教化之責除縣官須擔當外，亦賦予秀才教化之職。「居官故當愛秀才：獨械鬥一事，嚴其責於秀才者，所以重秀才以爲化始也。」[24]「方將施教以破其愚頑，而轉移其風格。教之所施，舍生員何由始哉！」[25]弭平械鬥，以興教化，已成爲秀才道德的「理分」，即秀才的正當責任。這種正當責任的意識，使得地方知識分子經常為分類械鬥挺身勸和。於臺灣的方志記載中，或連橫《臺灣通史》的〈循吏列傳〉可得諸多例證。[26]

縣官還可以運用民間社會力量。「擇其鄉之齒長而端愨者，立族正及副二人，如古三老、嗇夫。凡鄉有不便於民及訟事，族人以告族正；小事族正判其曲直而罷，大事族正自詣縣告或率其人俱至，以俟令長聽斷。令長有所問，以片紙召族正，亦如之。其人至，則公正廉明以鞫之，忠信慈惠以察之，不煩言而獄已解矣。」[27]借重年高望重之族正協助處理

---

[22] 同前註，頁 107-108。
[23] 同前註，頁 108。
[24] 見同前註，頁 103。
[25] 見同前註，頁 110。
[26] 見同註 13 所揭書，頁 272-273。
[27] 見同註 8，頁 113。

訟事及鄉里各事，小事判其曲直而罷，大事則詣縣官聽斷，可減訟原，亦可為令長之耳目。此亦為中國古來便有之良法，今所謂「社區總體營造」亦可取資焉。

總結之，謝金鑾對弭除「分類械鬥」提出了下列方策：慎擇左右吏胥以革除吏役受賄的惡習、建立廉潔公正的行政倫理與司法倫理、官民建立誠信共識、教化人民真正的羞恥觀念、愛護提攜人民（親民）、賦予秀才生員的教化責任、運用長老的社會約束力。臺灣的分類械鬥後來因為「無分氣類」及「臺人意識」的形成，清末時已消弭，這是眾多仕臺官員及地方儒紳努力的結果，而謝金鑾所提的對治方策，亦功不可沒。吾人細觀之，其中無一不涵儒學義理，這是儒學對時代議題所提出的方策，也是傳統資源對新興時代議題的貢獻。

第六節　編纂《續修臺灣縣志》，保存海東文獻

《臺灣縣志》始修於康熙六十年，知縣王禮輯，實際修志者則為陳文達；重修於乾隆十七年，知縣魯鼎梅輯，實際纂修則為王必昌；續修於嘉慶十二年，知縣薛志亮輯，實際纂修者則為謝金鑾與鄭兼才。[28]鄭兼才時任台灣縣學教諭，謝金鑾時任嘉義縣學教諭，都是以教官的身分參與纂修。鄭兼才〈申請續修臺灣縣志文〉云：

---

[28] 陳文達《臺灣縣志》列為臺灣文獻叢刊第 103 種，王必昌《重修臺灣縣志》列為 113 種，謝金盤《續修臺灣縣志》列為 140 種。

竊以徵今述古，文獻兼資；補闕訂訛，纂修為重。臺灣古屬荒服，自入版圖，文物漸開，郡縣志書，紀載昭然，足資考信。弟查臺灣縣志重修於乾隆壬申歲，迄今五十餘年；中經林爽文之變，沿革損益，規制異前。如萬壽宮之肇創、巡臺御史之久裁、昭忠祠之奉敕特建、旌義祠之倡義更新與夫街市城垣之改造、學舍祠廟之增修，其鴻規鉅製，皆不可以不書。又如本邑學宮，兩經修建，地既由狹而廣，制亦由簡而隆，實因捐充屋地得拓舊規，以及殿廡之捐造、祭器齋課之增置學田，皆前志所未有；又不可以不書。至若職官之有題名、循吏武功之當入傳、人物之首重忠孝節義、藝文之不廢雜記歌詩、學校之漸臻隆盛、番俗之日就文明，凡此雖係海外之模，均關一朝之典故。……。今則海氛不扇、山匪潛蹤，列憲宣播皇猷，一切善後事宜雖尚煩廑念，而教官藉庇寬閒，已得一意於文事。因思臺邑為附郭首邑，歷任各憲建節重地，凡興除善政，舉廢宏規，例當備書。其志視外邑所關較重，而頭緒亦較繁，非得淹通博雅，未易綜覈詳明。竊見嘉義縣學謝教諭金鑾，醇實端方，學有本原。令掌斯役，非惟繼事修明，足補未備；而於前志所載，其異同得失之故，必能有所折衷，以傳來許。某在任已越兩年，耳聞目睹，亦得與薛令仰承大示，博采輿論，參覈成書。大抵體制仍其舊有，事實益所本無，與前志別為一編，統眾人歸於一手，庶意見不至錯出，而刻期可以告成云。……。[29]

---

[29] 見鄭兼才《六亭文選》頁 8 至 9。（臺北：臺灣銀行經濟研究室，臺灣文獻叢刊第 143 種。）

此文就為何要續修《臺灣縣志》，闡述甚詳。第一，舊修《臺灣縣志》距今（指嘉慶十二年）已有五十餘年，中經林爽文之變，沿革損益，規制異前。鄭兼才於是詳舉今昔之異，以為凡此雖係海外之規模，均關一朝之典故，不可不書。第二，臺灣縣為臺灣府首邑，歷任各憲建節重地，凡興除善政、舉廢宏規，例當備書。其志視外邑所關較重。第三，推薦嘉義縣學教諭謝金鑾主掌斯役，以其人醇實端方，學有本原，於前志所載，並異同得失之故，必能有所折衷，以傳來許。事實上，續修《臺灣縣志》，謝金鑾、鄭兼才各有其功，而此二人往返書信亦多論及此事，舉一以概其餘。鄭兼才〈與退谷〉云：

> 臺灣當兵燹之餘，孤懸海外，綏輯安撫之計，足以重當路憂而不可旦夕寬，誠有十倍於《臺志》者。然閣下與兼才之官，固學官也，其責任不足以繫海外之安危，而實有關於邑乘之興廢。孔子作《春秋》，謂託之空言，不如見諸行事。志之修，亦猶是也，固關治理之大，而為閣下見諸行事之書也。弟以未梓之故，竟無一人任其責而續其成，亦可慨也矣！……[30]

鄭兼才以為續修《臺灣縣志》「海外事功在此矣」，謝金鑾與鄭兼才均為縣學教諭，學官也，其責任不足以繫海外之安危，而實有關於邑乘之興廢。孔子作《春秋》謂「吾欲託之空言，不如見諸行事之深切著明也。」續修《臺灣縣志》亦猶是也，關係治理之大，乃見諸行事之書。一手一足之烈，一土一木

---

[30] 見同前註，頁 75。

之功,均寫治理所關,職司學官,色乘之修正責無旁貸之事。至於謝、鄭之分功,《續修臺灣縣志·凡例》云:「是編於去取持擇,必嚴必慎;採訪查覆,必信必確,實惟兼才總其事。至於命意抒論,起例發凡,編為章段,筆墨之勞,金鑾有不得辭者。」由此知,考察事實為鄭兼才之工作,實際執筆者則多爲謝金鑾之勞。

鄭兼才〈續修臺灣縣志跋〉云謝金鑾「澄心凝慮,講是去非,宏眾美之收、出獨裁之見,有所論斷,悉秉大義。」此言金鑾論斷之優點。又云「與陳少林《諸羅縣志》,後先同軌。第少林當立法簡略之初,洞觀事勢,故規畫以待諸後人;謝文值俗尚奢淫之後,熟悉人情,故發明使追夫往制。其旨歸稍殊,後之覽者,亦可以得其用心矣。」[31]此言《續修臺灣縣志》與陳少林《諸羅縣志》之後先同軌,然亦有不同,陳書在先,故立法簡略,謝書在後,故多發明。

《續修臺灣縣志·凡例》云:「是編作地志第一、政志第二、學志第三、軍志第四。此四篇者爲正志,復附以外編、藝文終焉。凡六篇,爲條目者五十有八。」[32]《續修臺灣縣志》的體例乍看起來,有些特別,而且與此前臺灣地區所出版的方志都不相似,其實謝、鄭二氏只是倣照了另一種古代的方志書體而已。明清兩代有一些方志學家用「三寶體」編志書,即探取《孟子·盡心篇》中「諸侯有三寶:土地、人民、政事」的說法,分全志爲「土地、人民、政事」三大項敘述,

---

[31] 此言《續修臺灣縣志》與陳少林《諸羅縣志》之後先同軌,然亦有不同,陳書在先,故立法簡略,謝書在後,故多發明。
[32] 同註1所揭書〈凡例〉頁12。

而謝、鄭又略加損益。[33]《續修臺灣縣志‧凡例》又云:「文之有體,本出自然,非必前人有心爲之而後人有心仿之也。志書之作,如記述事實則必宗《史》《漢》,議論則必仿韓、歐,紀山水則必律諸《禹貢》、《水經》,書物產則必沿諸《爾雅》傳疏;至於雜採論述,則間取乎說部之體。若夫勦襲雷同、泛雜堆垛,抑或全抄案牘,竟與冊檔相似,則非志書之體矣。」[34]此言《續修臺灣縣志》之文體風格,大抵皆能如謝金鑾之自我期許。

《周官》:「小史掌邦國之志」則王都之志書也,「外史掌四方之志」則列國之志書也,具史體裁,故隸於史焉,謝金鑾之史才、史學、史識、史德均有以稱焉,故能成此三十餘萬言之《續修臺灣縣志》。「天終不陋海東文獻」(鄭兼才〈上胡道憲〉語)考制度,述風土,道民情,記人物,存藝文,後之研究者多所取資,其有功於臺灣不淺。

第七節 「國風」之遺─〈臺灣竹枝詞〉 吟詠臺灣風物

「竹枝」盛唐以前已行,中唐劉禹錫倡為民歌體。其始或手持竹枝以舞,故名。別名有「竹枝曲」、「竹枝詞」、「竹枝歌」、「竹歌」。音調爲民歌合黃鍾羽。調略為七言、四句,二十八字,三平韻,每句四字下及句尾,均有和聲。律要爲

---

[33] 見陳捷先《清代臺灣方志研究》頁133。(臺北:臺灣學生書局,1996年。
[34] 見同註32。

傳辭或仿歌謠，帶拗格，或作七絕近體。以早期辭為初體，
以民歌拗格爲常體，以七絕為別體。[35]清代臺灣出現許多種采
風的作品，竹枝詞也是其中的一種，學者以為此與方志采風、
多學而識的觀念、邊疆空間的意識及官吏制度有關。[36]《續修
臺灣縣志》收錄謝金鑾〈臺灣竹枝詞〉三十一首，也可以在
此脈絡中加以詮釋。

　　謝金鑾〈臺灣竹枝詞·序言〉云：

> 五、七言詩，以典雅麗則為宗。唯「竹枝」雜道風土，雖
> 方言里諺皆可以入則，猶「國風」之遺也。金鑾以甲
> 子臘月司鐸武巒、乙丑供試事，僑居赤嵌，俯仰衍沃
> 之邦，而感憤於人心風俗之所以弊，乃自《赤嵌筆談》、
> 《東征記》諸書以外竊有論述焉。而其餘者，耳目所
> 經，時亦形諸歌詠。偶有根觸，輒成小詩。紙墨既多，
> 遂無倫次，聊復書之。俟有續得，當備錄焉。[37]

　　清代以關外民族身分入主中原，爲熟諳各地特殊的山川
形勢、風土民情，對於方志的規定很制度化，雍正七年更下
令各省、府、州、縣修志，限期完成，並且須每六十年續修
一次。按時編纂方志是地方官吏的重要任務，編纂方志如同
撰寫史書的千秋之筆，在文化傳承上也是榮耀之職。歷代正
史大都備有「藝文志」，在方志編纂體例裡「藝文志」也是少

---

[35] 見《歷代竹枝詞·竹枝考》（任半塘撰）頁 5。（陝西省西安：三秦出
版社，1991 年。）
[36] 參見翁聖峰《清代臺灣竹枝詞之研究》頁 47-75。（臺北：文津出版
社，1996 年。）
[37] 見同註 1，頁 611。

不了的，否則就有缺憾之嘆，現存的清代臺灣竹枝詞除了部分出自別集之外，大都也是因方志或風土紀中的「藝文志」才得以保存下來。這些竹枝詞會被列入藝文志當中，在作者的創作意識上許多就是爲了他日修纂志書之用。[38]以特殊風土發爲竹枝詞，正是方志采風意識的展現，謝金鑾曾為編纂《續修臺灣縣志》，其書即收有不少竹枝詞等采風作品。清代學風有「多學而識」的觀念，臺灣亦在此學風籠罩之下，此乃孔子「多識於鳥獸草木之名」詩教之遺緒。清代臺灣孤懸海外，復加海上交通風險頻頻，奉命者常視爲畏途。然清代官制的「迴避制度」卻使遊宦人士甚少有怨懟之心，清代官吏在邊疆仍能安身立命。依《大清會典》規定，督府以下，雜職以上，均須迴避本省[39]，甚至雖非本省，但距其家五百里以內者，亦不得爲官，只有對學官及武職人員稍有放鬆，所以有清一代，外省人當官幾乎是全國普遍的現象，在這種官制上每一位有心仕官者，人人都要有離鄉背井的心理準備，復加自清初以來已有立身邊疆的風氣，在空間意識上，遊子他鄉的感慨也就相對的減少了，在「多識即是學」的文化風氣下，遠至邊地雖有性命之危，但許多的流寓者都能安身立命，著成有用之書，以待來者，清代許多竹枝詞、或是風土詩的創作就是緣於此因。[40]臺灣與福建雖爲「同省」（在光緒十二年臺灣建省之前），學官亦頗多由「同省」人士出任，然孤懸海外，與邊疆無異，此詮釋脈絡亦可適用於清代臺灣竹枝詞。謝金鑾謂「竹枝雜道風土，雖方言里諺皆可以入則，

---

[38] 見同註 36，頁 48。

[39] 見《大清會典》卷 47，清・崑岡編。（臺北：新文豐出版社，1976 年。）

[40] 見同註 36，頁 72-73。

猶『國風』之遺」，此有采風意識及多學而識的觀念，「僑居赤嵌，俯仰衍沃之邦，而感憤於人心風俗之所以弊」，此有安身立命及諷諭教化的意味。以下試就其〈臺灣竹枝詞〉三十一首分類詮釋之。

謝金鑾〈臺灣竹枝詞〉三十一首，並無倫次，據筆者粗略分類約可分為七類：

（一）、總綱

> 興觀群怨總情移，溱洧淫哇亦繫思。底事刪篇餘十五，蠻風曾不入聲詩。（第一首）

此為謝氏〈臺灣竹枝詞〉三十一首中之第一首，可視為總綱。金鑾以為鄭、衛之風，聖人存而不刪，自有其詩教意義，詩可以「興觀群怨」，又可以感物起情，蠻風土俗，亦有可觀之處。奈何國風但存十五，應有更多風詩見採才對，言下之意，閩臺之風亦當收入聲詩，不可偏廢。其下三十首即在此傳統詩學「神聖化」的原則下展開。

（二）、風土、名勝

> 輕飆二八水無波，南汕潮來北汕過。攜酒安平呼晚渡，一榔斜日蜑船歌。（第二首）

> 水仙宮外近黃昏，迤北斜看第幾鯤。潮信來特沙鹵白，亂星漁火簇城門。（第三首）

里差經緯問周髀，合朔哉生有異宜；廿八宵中明月影，
彎彎初二見蛾眉。（第四首）

封家來去總無因，五兩頻煩問水濱。暑月看人帆勢好，
西風吹上七鯤身。（第五首）

南郊東轉路丫叉，斜日緣成到法華。暫得托身無上地，
小西天外見曇花。（第二十二首）

深樹叢篁踞石床，竹溪寺後午陰涼。山風響動祇園木，
恰落高林橡子黃。（第二十三首）

不事耘鋤亂插田，條條溪澗自成川。水雲六月魚鱗雨，
斗米何曾值百錢。（第二十四首）

東頭地與土番聯，處處膏腴未墾阡。日麥遙岑堪眺望，
千章材木翠連天。（第二十五首）

寰中更自有仙洲，多恐蹉跎未肯求。欲向陽光尋福地，
雞籠山轉海東頭。（第二十六首）

聖人謀庶先籌富，此地全須用教先。禮義分明廉恥重，
海邦倉廩本天然。（第二十七首）

　　第二首吟詠安平晚渡，第三首詠鯤身潮信及亂星漁火，
此二首並兼詠閒逸生活。第四首金鑾自註：「臺灣初二夜即見
月，至二十八日殘月尚高。凡二十八夜，皆見月也。」此言
臺灣天象。第五首金鑾自註：「臺灣風俗與內地迥殊，長夏五、
六月最多西風，謂之『發海西』」此言臺灣風信。第二十二首
金鑾自註：「法華寺額曰『小西天』」此詠法華寺。第二十三

首詠竹溪寺，與前首一樣兼詠偷得浮生半日閒之趣。第二十四首詠溪澗及六月雨。第二十五首言東頭地帶未墾，該地處處膏腴，千章材木翠連天，有鼓舞漢人移民前去拓殖之意。第二十六首金鑾自註：「蛤仔難為臺灣正面雞籠東轉向陽之地，尤為樂土。」蛤仔難之設官治理，金鑾推動甚勤，本文第三節已有論及，此詩以蛤仔難為「仙洲」、「福地」，願官民勿蹉跎，積極拓墾。第二十七首援引孔子「庶之、富之、教之」之義理，以為此地庶矣富矣，應當積極推展禮義文教。

（三）、物產

馬跡牛窪轍路交，草場墟市數衡茅；分明一帶邠州道，楊柳年來換竹苞。（第六首）

指甲花香壓髻鬟，蠻娘情語夜喃喃。泥人夢裡含雞舌，一碗檳榔出枕函。（第九首）

妹家門倚綠珊瑚，毒汁沾人合爛膚；愁說郎來行徑熟，丫斜巷口月模糊。（第十首）

紅燈罩壁掠宮鴉，一寸香籐浣齒牙。簾影沉沉人未至，二更呼買市頭花。（第十一首）

木棉宜種海邊多，可奈纖纖素手何！姊妹頻年刀剪樣，教儂紅肉映輕羅。（第十三首）

金錢花發為郎攀，落盡金錢郎未還。不敢語郎鄉土事，瘴雲遮斷望夫山。（第十四首）

腥紅苦李出林遲，釵朵盤兼小荔支。番蒜摘殘龍眼熟，
滿街斜日賣黃藥。（第十五首）

午盤堆遍地波羅，粒粒雞心已破窠；鳳尾蕭疏纖子落，
一肩綠篛倩蠻婆。（第十六首）

荳莢花開落地生，銅缸膏火萬家明；蘸灰猶作春畦糞，
廣註周官土化名。（第十七首）

蕭蕭蔗尾起秋聲，萬灶甜漿煮作餳；枯槁莫嫌同嚼蠟，
一春薪炭徹秋晴。（第十八首）

港口船回海氣腥，參差魚族有奇形；團頭縮項渾難識，
欲補人間五雅經。（第十九首）

風味初嘗到竹蟶，江瑤應與共功名；荳芽瑣瑣徒纖薄，
菜筍開廚試蚌羹。（第二十首）

第六首金鑾自註：「臺灣雖隸福建，而平原衍沃，大類北土。惟路旁多叢竹，不種楊柳耳。」此言臺灣路旁多叢竹。第九首金鑾自註：「指甲花五、六月開，枝葉大類枸杞，纖瓣長穗，濃香襲人。婦人喜得之以插髻。其葉染指，功同鳳仙。」此言原住民婦女以指甲花插髻，又以其葉染指，並寫婦女情語夜喃，極富嬌羞情趣。第十首金鑾自註：「綠珊瑚有枝無葉，丫叉狀類珊瑚。其汁甚毒，沾人肌肉皆爛。臺人屋居前後遍樹之以爲樊蔽。」此言臺灣人以有毒之綠珊瑚樹爲樊蔽，並寫男女幽會情致。第十一首金鑾自註：「簍籐一名扶留，臺灣人以此蘸灰夾檳榔食之。」此言臺人食檳榔之習，並寫男女相思。第十三首金鑾自註：「《齊民要術》謂：『木棉花最宜於

海邊鹵地』。惜此地婦人不以女紅爲事也。」第十四首藉金錢花以寫閨怨。第十五首金鑾自註:「檨子亦名番蒜,高樹多陰,實如豬腰,青皮黃肉,味甘如蜜;五、六月大盛。黃梨灑蘆結實,皮多刺,如蔝藜,味甘可食。《廣韻》:『藜,蘆果也』。當從藜,俗謂梨者,非也。」此首所吟物產頗多,有李、荔枝、番蒜(即檨子,今語芒果)、龍眼、黃梨。又對「藜」加以考證,以爲俗謂「梨」者,非也;但金鑾於詩中寫正字,自註則從俗。由此詩又可知時令作物之交替,義涵豐富之詩也。第十六首金鑾自註:「西人語,以波羅蜜爲天波羅、黃梨爲地波羅。檳榔樹高數丈,大類栟櫚,葉舒鳳尾,子含粒如雞心,其殼即大腹也;七、八月已漸採。」此首寫黃梨及檳榔。第十七首金鑾自註:「落花生俗名土荳,柔條吐莢,垂花入地,乃復結實於土中。榨取油入燈,極明亮。臺中盛產;並蘸粕販賣內地,舟航不絕載。內地近山人,買其蘸以糞田。」言落花生除食用外,並可作照明及糞田用。第十八首金鑾自註:「蔗糖之利半於中土,其粕用以代薪,臺灣、鳳山人竟歲賴之。」此言臺灣盛產甘蔗,有「萬灶煮甜漿」之勢,蔗粕並可作薪材用。第十九首寫臺灣魚族之各種奇形怪狀,可補儒家五經之缺載。第二十首金鑾自註:「海荳芽狀似小蟶,有鵞鮮白如荳芽;綠殼合抱,恰似荳之初拆也。然而肉薄,而味殊未佳。」此言海產風味。

(四)、人物、事變

頻年海上寇張弧,香老芝龍總未誅。辛苦東寧賢太守,自捐資斧伐嶊苻。(第二十八首)

呱呱赤子勃難啼，求牧今難與古齊。何處紅燈書縣宰，
春風弦管五條街。（第二十九首）

蹉跌遊戎血戰情，郎官念念為蒼生。何妨塞卻狼機口，
壘土新來變鐵城。（第三十首）

木城百雉海東隅，危難方知偉丈夫。惡耗翻成名節在，
萬金為汝市頭顱。（第三十一首）

　　第二十八首金鑾自註：「甲子冬，蔡牽犯鳳山。時慶廉訪
為臺灣守，親率士卒禦戰於東港，圍牽舟幾獲之。砲石擊牽
妻，中胸，乳迸裂，北竄，創發而死。」此詠嘉慶年間發生
的蔡牽事變，主要歌頌慶廉訪之戰功。第二十九首金鑾自註：
「丙寅歲秋八月，臺灣邑令薛公誕辰，民爭慶之。薛聞，斂
號燈銜仗塞署門辟，闔者不答客。邑民目相率奏樂歌舞，簫
管之聲遍滿街巷。雖極貧者亦懸燈於戶，書曰：『邑主某公千
壽』。薛令隸役禁撲之，民讙曰：『吾自頌吾父母耳，官何與
焉！』謳歌者更數日夜，卒不能禁。」此言丙寅（嘉慶十一
年）臺灣縣民慶賀知縣薛志亮誕辰，薛氏嘉慶八年七月任臺
灣縣知縣，十二年陞授鹿仔港理番同知，是人民所愛戴的循
吏。第三十首金鑾自註：「遊擊吉凌阿用兵得法，乙丑、丙寅
間，力戰有功；尋病卒。時臺灣尹薛公號愛民，民為謠曰：
『文官有一薛，武官有一吉；任是蔡牽來，土城變成鐵』。」
此詩亦詠蔡牽事變，乃由民謠演變而來，主要歌頌遊擊吉凌
阿之戰功。第三十一首金鑾自註：「蔡逆之亂，義士陳啟良請
建木城於海底；慶觀察韙其議，啟良力任事，兩日夜城成。
於是力率義旅守海岸，賊迫，眾多奔徙，獨啟良不去也；時
賊募殺義士首者予萬金，首啟良，次則洪秀文、吳春貴輩。」

此詩亦詠蔡牽事變,主要歌頌義士陳啓良建木城守海岸之功。
上述四首均有「紀史」之功能。

（五）、身世之感

軋軋車聲攪夢殘,高城曉色迫人寒。朦朧客枕曾驚記,
五月呼驢出泰安。（第七首）

泉漳一葦便行舟,客侶汀州及廣州。聚水浮萍原是絮,
浪花身世竟悠悠。（第八首）

前文曾論及,清代臺灣官吏對仕宦臺灣,甚少怨懟之心,
而多能在邊疆安身立命。在謝金鑾三十一首〈臺灣竹枝詞〉
中有身世之感者,僅此兩首。竹枝詞固可抒騷人墨客一己之
情,而從此二首中只見謝氏遊宦四方之「事實陳述」,並未見
其有何深沈的怨懟之意。

（六）、閒逸生活

日日香沁點竹扉,一雙燕子避人飛。村寮亦有評花處,
自荷春鋤種紫薇。（第二十一首）

此寫閒逸生活,頗能令人悠然神往。前引「攜酒安平呼
晚渡,一楫斜日蜑船歌。」（第二首）「水仙宮外近黃昏,迤
北斜看第幾鯤。」（第三首）「暫得托身無上地,小西天外見
曇花。」（第二十二首）「深樹叢篁踞石床,竹溪寺後午陰涼。
山風響動祇園木,恰落高林橄子黃。」（第二十三首）,這些
也都有恬適閒逸之趣,並可同時歸於此類。

（七）、閨怨

疊雪霏霏透體涼，輕衫團扇墜珠香。兒家夫婿憐溫軟，亂剪春紗含褲襠。（第十二首）

此首寫兒女私情，婦人怨其夫婿憐惜溫軟。前引「金錢花發為郎攀，落盡金錢郎未還。不敢語郎鄉土事，瘴雲遮斷望夫山。」（第十四首）藉金錢花以寫閨怨，並可同時歸於此類。

謝金鑾〈臺灣竹枝詞〉三十一首，以吟詠物產最多，有十二首，佔百分之三十八點七；吟詠風土、名勝居次，有十首，佔百分之三十二點二；吟詠人物、事變，再次之，有四首，佔百分之十三；以上三類均以臺灣風物、歷史為吟詠對象，佔總數百分之八十四。其餘總綱一首、身世之感二首、閒逸生活一首、閨怨一首，亦間接與臺灣有關。翁聖峰說：「學官一方面是地方上負責文教的推動者，另一方面實際投入創作竹枝詞的作者也不少。竹枝詞旨在記敘地方特殊的風土，而學官的首要職責是協助行政官員，實際負責推動地方上的文教活動，當然必須熟悉地方上的風土，同時，透過韻文的形式來傳達風俗、民情，也提供另一種不同於歷史書籍的表現方式。」[41]「聲音之道，與政相通」、「審樂以知政」、「觀風知政」這是儒家一貫的詩學傳統，謝金鑾〈臺灣竹枝詞〉所繼承的正是此一傳統。比較特別的是，它的「風土方域」是臺灣，是清代新闢的疆域。又，謝氏〈臺灣竹枝詞〉

---

[41] 見同前註，頁 193。

作者自註之處頗多，介紹方土風物，或陳述詠歌緣由，這是儒學「多識於鳥獸草木之名」及「以詩爲史」的傳統。

近年來，臺灣鄉土文學的倡導，風起雲湧，有蔚爲顯學之勢，事實上，「本土化」已在眾多清代的〈臺灣竹枝詞〉作品上顯現，吾人觀乎謝金鑾三十一首〈臺灣竹枝詞〉可知，他的作品兼具「儒學化」與「本土化」，是「臺灣儒學」與「臺灣文學」的先聲之一。

第八節　結論

儒學有體有用，謝金鑾以爲聖人之道在日用人倫之間，此「體」也。發諸「用」則面對文昌帝君信仰對儒學道統意識之衝擊，而作出「理性化」「儒學化」之詮釋。發諸「用」又須對時代議題有所回應，「蛤仔難」乃臺灣之險要重地，因此極力主張設官治理；「分類械鬥」重傷民命及財產，讓社會處於危機四伏之中，於是基於儒學義理，提出各種方策，希望予以弭平。做爲職司文教之學官，謝金鑾執筆編纂《續修臺灣縣志》，保存海東文獻，又撰〈臺灣竹枝詞〉三十一音，對臺灣風物、歷史多所著墨，此《周官》外史之義及繼承儒學詩教傳統之實踐也。蔡牽之亂，爲當時重大事變，其著述中亦多涉及，而謝金鑾本人亦曾參與指揮區畫，部署守地之務，得總兵武隆阿之讚賞。[42]《邵武府志》言其「春風時雨，繫人懷思，言動自爲記注，勤於課士，一文一詩，詳加筆削。」

---

42 參見連雅堂《臺灣通史·謝、鄭列傳》，頁 806。

教諭屬正八品，乃閒曹冷署之官，在課士之暇，做出如此斐然貢獻，可謂學校之干城，儒林之圭臬，誠儒學思想與實踐之典範。

（原刊登《「孔學與二十一世紀」國際學術研討會論文集》頁 435-461，2001 年 9 月 28-29 日）

第四章

清代臺籍儒學教官的詩文與事功——以施世榜、陳震曜、陳維英、楊克彰為例的研究

第一節　前言

　　清承明制，於各府州縣，設「儒學」，各學教官，府設教授（秩正七品），州設學正（秩正八品），縣設教諭（秩正八品），各一，皆設訓導佐之。教官主要的職責有管理、考課生員，辦理童試、歲試、科試等教育工作，籌辦祭典活動，管理學宮經費等。[1]「儒學」教官是地方教育的實際執行者，是儒學思想的第一線傳播者，其潛德幽光有足堪論述之處。謝金鑾《續修臺灣縣志》云：「考古禮經：建國之學校而合國之子第，凡有道者、有德者，使教焉。今教官例以本省之人為之，猶古鄉先生之意也。」[2]光緒 13 年（西元 1887 年），台灣建省以前，為福建省之一府，在臺任教官者多閩地人士，如謝金鑾、鄭兼才，而臺籍人士有任閩地及臺灣教官者，筆者曾有二文論述謝、鄭的儒學思想與實踐[3]。本文則以臺籍「儒學」教官為論述範圍，舉施世榜、陳震曜、陳維英、楊克彰曰人為例，論其詩文與事功，以見其在教育文化及國計民生上的貢獻。

---

[1] 可參考林孟輝《清代臺灣學校教育與儒學教化研究》第二章第二節及第四章。（臺南：成功大學中文系碩士論文，民國 88 年 6 月。）

[2] 謝金鑾《續修臺灣縣志》（臺北：臺灣銀行經濟研究室，民 51 年，臺灣文獻叢刊第 140 種），頁 177。

[3] 見林耀潾〈清臺灣縣學教諭鄭兼才的儒學思規與實踐〉（臺南：《成大中文學報》第 6 期，民國 87 年 5 月）及林耀潾〈謝金鑾的儒學思想與實踐〉（臺北：《「孔學與二十一世紀」國際學術研討會論文集》，政治大學文學院，民國 90 年 10 月。）

第二節　施世榜

　　施世榜，自文標。初居鳳山，性嗜古，善楷書。康熙 36
年（西元 1697 年）拔貢，選壽寧教諭，嗣遷兵馬司副指揮，
好行善事，宗姻戚黨多周恤。後居郡中，建敬聖樓；又捐金
兩百，以修鳳邑學宮；置田千畝，為海東書院膏火，士多賴
之。[4]此施世榜在教育文化上的貢獻，而其事功最著者則為興
築彰化的農田水利工程，《臺灣通史·卷三十一·列傳三》云：

> 初，半線初闢，平原萬頃，溪流分注，而農功未啟，
> 荒穢於鹿豕之鄉（康熙）五十八年，世榜集流民，以
> 開東螺之野；並引濁水歧流以溉。工竣而流不通，世
> 榜慮之，募有能通者予千金。一日有林先生見，曰：
> 「聞子欲興水利，而苦無策，吾為子成之。」問其名，
> 不答。於是相度形勢，指示開鑿之法，曰：「某也邱高
> 宜平之，某也坡低宜浮之，某也流急宜道之，某也溝
> 狹宜疏之。」世榜從其言，流果通。眾以世榜力，名
> 施厝圳，又曰八堡圳，以彰邑十三堡半之田，而此圳
> 足灌八堡也。[5]

　　施世榜得林先生之助，興築八堡圳，當圳之成也，世榜
張盛宴，奉千金為壽，辭不受。無何竟去，亦不知所終。佃
農念林先生功德，祀為神，林先生者，亦有功於彰化也。施

---

[4] 見連雅堂《臺灣通史·列傳》（臺北：黎明文化公司，民國 74 年 1 月。），
　頁 767。
[5] 同前註。

世榜以一介儒學教諭，集流民，開荒野，又能興水利，此儒學經世濟用之義。

《臺灣詩錄》載施世榜詩五首，其中二首與儒學義理有關，論述如下。〈輓鄭烈婦〉云：

> 纔見鳳飛復失鸞，漫歌薤露為傷殘。月明秋水霜天肅，風凜究山水葉乾。千古香魂高蜀魄，一縑英烈勝吳干。鬚眉自昔存豪氣，不道柔姿膽更寒。[6]

鄭烈婦指鄭月娘，泉州南安人。年十九，適萬年縣儒士王曾儒，逾年而曾儒卒。翁以貧，欲速葬，月娘請稍緩。越數日，告其翁，請附葬。翁勸止之，對曰：「吾夫病劇時，吾既以死許之，義不可易。」途自經，翁從其言。[7]世榜此詩即言此事，此夫死以死殉之之慘事。今人所謂「封建道德」，「以禮教殺人」，殆指此類，此在今日視之為違反人性人權之舉，在傳統社會卻似乎是普遍現象，當時社會默許此類殉死之事為「節烈」，孀婦之生存權可以不顧。世榜又有〈弔殉節五妃墓〉詩一首：

> 珠沉芳草帶餘薰，玉碎空山鎖亂雲；匹婦但知生共枕，五妃僅見死同群。千秋節義誰無主？一代娥眉獨有君。回首可憐明季世，相臣事業不堪云！[8]

---

6 陳漢光編：《臺灣詩錄》（臺中：台灣省文獻委員會，民國60年出版），頁148。
7 同註4，頁956。
8 同註6，頁149。

明永曆 37 年（即康熙 22 年，西元 1683 年）夏 6 月，清軍破澎湖，鄭克塽議降。寧靖王朱術桂自以天潢貴冑，義不可辱。召姬妾而告曰：「孤不德，顛沛海外，冀保餘年，以見先帝先王於地下。今大勢已去，孤死有日，若輩幼艾，可自計也。」皆泣對曰：「殿下既能全節，妾等寧甘失身？王生俱生，王死俱死。請先驅狐狸於地下！」遂冠笄被服，同縊於室，是月二十有六日也。越十日，葬於竹滬，與元妃合，不封不樹，而姬妾別葬於承天郊外桂子山，臺人稱爲五妃墓。五妃者，袁氏、王氏、荷姑、梅姑、秀姐也。[9]世榜此詩即言此事，讚許五妃爲「千秋節義」。寧靖王有〈絕命詞〉云：「艱辛避海外，總爲數莖髮，如今事畢矣，祖宗應容納。」誠不負高皇，不負父母，無愧無怍之節烈王孫也。而五妃之殉國殉節，亦爲傳統儒學義理之所讚許。歷來騷人墨客，或題其墓，或哀其事，「詩」不絕書，沈光文云：「天人應共仰」，楊宗城云：「世風雖遠紀綱扶」、「自是求仁無怨悔」，楊東慶云：「五妃殉節報明君，曠代流芳天下聞，烈魄共吞東海月，英風齊撼西山雲。」，何宜惜云：「異域天荒開世運，五常還是五人持。」，郭必捷云「但留正氣塞乾坤」，張方高云：「春秋大義昭今古」，陳輝云：「自立千秋節」，張湄云：「直抵田橫五百人」，范咸云：「三百年中數忠節，五人個個是男兒。[10]施世榜此詩亦同此脈絡也。

---

[9] 同註 4，頁 703 及 954。
[10] 可參見廖一瑾《台灣詩史》（臺北：文史哲出版社，民國 88 年 3 月），頁 77 至 83。

第三節　陳震曜

　　陳震曜，字煥東，號星舟，嘉義人，後居郡治。少聰敏，博通經傳。嘉慶 15 年（西元 1810 年），以優行貢太學、召試。20 年（西元 1815 年）回省，歷署建安、閩清、平和等教諭。陳震曜的貢獻，可分教育文化方面及上書制府，陳利弊方面，下分述之。

　　陳震曜少與邑士張青峰、陳廷瑜十數人，在寧南坊呂祖廟建引心文社，一時文風大振，後改爲書院。震曜在鄉，鳳山知縣重其人，聘主鳳儀書院。鳳邑僻處南隅，文風不振，既至，日集諸士講經，間爲詩文，自是鳳人始勵學。道光 5 年（西元 1825 年）調省，監理鰲峰書院，助修通志，訪刻先儒遺書，士論歸之。道光 15 年（西元 1835 年），選授陝西甯羌州州同，17 年（西元 1837 年）9 月抵任。甯羌固夷地，民間素鮮讀書，既至，月集紳耆訓勵，告知以彝倫，課之以文學，數月之後，風俗丕變。建引心書院、主鳳儀書院、監理鰲峰書院及訓勵甯羌人民讀書，此震曜教育文化貢獻之一端也。

　　巡撫命委同鳳山、嘉義兩知縣督辦採訪冊，送省補修通志。震曜以臺灣府縣各志地圖，舊多疏謬。山川、莊社誤置尤多，建議先繪里堡分圖，次繪廳縣分圖，然後統繪全圖。並倣國史館一統圖之法，布畫格線，橫直各三十，其後新圖遂稱善焉。事竣，彰化知縣楊桂森聘修邑志。道光 6 年（西元 1826 年）任同安訓導，又倡修邑志。督辦鳳山、嘉義採訪

冊，修彰化縣志、同安縣志，助修福建省通志，此震曜教育
文化貢獻之又一端也。

福建省垣貢院湫隘，潦濕薰蒸，就試者每中病。震曜請
於鄉人士，募資拓建，增號舍千餘；並董工役，將一載而成。
此重視考生健康，造福士子又一貢獻也。

震曜嘗曰：「安上治民，有司之職也；造士徵文，教官之
責也。余位雖卑，亦一邑之木鐸，豈堪見誚於儒宗哉？」誠
哉斯言！震曜實造士有成，徵文有功之賢教諭也。

在教育文化方面的貢獻，略如上述，在上書制府，陳利
弊方面，亦常能言人之所不能言，見人之所不能見，連雅堂
云：「其所著書，皆足資臺事，非泛泛也。」儒家經世致用之
學，概見乎此，下分五項述之。[11]

臺灣戍守用班兵，調自福建各標，地方民情既多扞格，
而結黨滋事，有司終莫如何，有警復不足備戰守。震曜議減
戍兵添募鄉勇。書曰：

> 各省兵士俱屬土著之人，惟臺灣開闢之初，戶口僅數十
> 萬，沃野千里，民願為農，彼時招募土著之兵，亦無有
> 應之者。加以鄭氏甫平，續有小醜，恐土著在伍，或
> 有通匪之虞，此當時調遣內地班兵戍臺之深意也。[12]

震曜首言班兵制的歷史背景，以臺民願為農，又防土著
在伍，恐有通匪之虞，故有此制，然今已有改變。「今臺屬四

---

[11] 同註 4，頁 906-909。
[12] 同前註，頁 906。

縣、三廳，約計三百餘萬人。土地不加，丁口日繁，其無田可耕乏經紀者亦多。若招募充伍，臨以號令之嚴，化其桀驁之氣，平時茲以緝捕，有事用以守禦，人地熟悉，未嘗不收臂指之效。」添募鄉勇可收人地熟悉之益處，而內地班兵調臺，惟漳、泉語言相似，餘則鄉談各殊，路途西東，又全不辨，既難緝盜於平時，自難剿匪於有事。「有養兵之名，而無養兵之實，經百數十年。」「養兵既少實效，則匪類易滋事，地方易蔓延，偶聞警報，茫然不知。」「非疾呼紳衿、自備資斧、招募義勇、飛稟大軍救援，而亂未能平也。」「查臺水陸之兵不下二萬餘名，年需軍餉二十餘萬，養兵不爲不厚，而束手無策若此。」班兵之無用如此，而義勇卻能屢建其功，震曜云：

> 溯自康熙年間至今，亂十數次，未有不賴土著義勇而能報捷者。即近四十年而考之，乾隆五十一年林爽文一案。臺民為義勇者，南北不下數十萬人，議敘賞給之義民首，亦千數百員。乾隆六十年陳周全一案，嘉慶十一年蔡牽一案，議敘官職之義民首，俱不下數十員，可見臺民能為義勇以從軍，未嘗不可充兵而敵愾也。[13]

內地調遣之班兵無用，臺地奮勇之義勇有功，是故，震曜以爲「欲求長治久安之策，遇有班兵出缺，准就土著挑補，每營數百之兵，但得鄉壯數十名，用以剿捕，資以禦侮，則海疆軍制日有起色，不似從前之僅能守城守汛已也。」此〈議減戍兵添募鄉勇〉書上，總督韙之。

---

[13] 同前註，頁 907。

震曜又有〈議添募屯兵書〉：

> 臺灣僻處海隅，戍臺悉用內地之兵。語言不通，道路
> 不熟，水土不服，險要不知。每逢剿捕之時，必藉鄉
> 勇、屯番為前導。查乾隆五十二年，生番拒逆。熟番
> 助捕。五十三年，福中堂入告，以沿山未墾之地，准
> 其耕為屯田，平時錄為屯丁，有警調為屯兵，拔其頭
> 目，獎為屯弁。自設立四十餘年，番人恭順，聽地方
> 官調遣戰守，奮勇可嘉。但屯地多荒，屯餉不裕，屯
> 兵亦不能多募。竊思全臺陸路戍兵，共有九千七百九
> 十七名，似可酌減一千數百名，留其糧餉及撫恤眷口
> 之款，可添募屯兵一千數百名，分配臺灣道府、四廳、
> 四縣、十衙門，按月點驗一次，給以糧餉。秋令每月
> 操一次，冬令每月操練二次，軍裝器械鉛藥，官為購
> 備。與操練犒賞，剿捕飯食，即於徵收臺地屯租款下
> 動支。操演之後，軍器存貯道府廳縣之庫，每季巡查
> 地方之時，各衙門酌定數班，輪值調遣。若有剿捕之
> 十，則全隊統帶，可資捍禦。戰勝之實效，較之戍兵
> 尤為得力也。[14]

屯兵制是兵農合一的制度，平時為屯丁，有警為屯兵，
可收墾荒之效，可徵屯租之款，可裕財政。而屯兵募自臺地，
語言通，道路熟，水土服，險要知，其戰鬥力遠勝內地調遣
之班兵。霞曜此書立論精當，所提做法詳密，書上，總督又
韙之。

---

[14] 同前註，頁 907-908。

震曜又議郡治拓建外城，添造礮臺，亦採其策。

時鹿港施、黃、許三姓，族大丁多，負隅罔法，動則列械以鬥，久為閭閻之害。震曜上書，請嚴辦。以鹿港為全臺濱海適中之地，戶可萬竈，爲彰邑一大市鎮，而至今猶無城池，何以保人民？何以固險要？上書請建一城一寨。此震曜對鹿港之貢獻。

又鳳山轄地遼闊，行政未周。議劃下淡水南岸至琅瑀一帶，新建一邑。其後沈葆楨巡臺，則採其議而設恆春縣。此震曜對恆春縣（今屏東縣）之貢獻。

震曜議減戍兵添募鄉勇、議添募屯兵，此其軍事戰略之才也，拓建郡治外城及添造礮臺、弭鹿港械鬥及建城寨、新建恆春縣，此其有利於地方發展之建言也。光緒 8 年（西元1882 年），臺人請祀鄉賢祠，詔可，以其教育文化及國計民生之貢獻，誰曰不宜！

第四節　陳維英

陳維英，字迂谷，淡水大隆同莊人。少入泮，博覽群書，與伯兄維藻有名於庠序間。性友愛，敦內行。咸豐初元，舉孝廉方正。9 年（西元 1859），復舉於鄉。嗣任閩縣教諭，多所振剔。閩縣有節孝祠久圮，捐俸重建。已而工部尚書廖鴻荃告歸，聞之造謁，維英辭。鴻荃請入見，長揖欲跪，維英瞠眙不知所措。鴻荃曰：「公新節孝祠，惠及閭里，吾當為親謝。」蓋其母亦祀祠中也。秩滿，捐內閣中書，分部學習。

歸籍後,掌教仰山、學海兩書院。[15]此維英有關儒學教化之事
蹟。同治元年(西元 1862 年),戴潮春之役,淡北震動。與
紳士合辦團練,以功賞戴花翎。[16]此維英平亂有功之事蹟。

《臺灣詩錄》載維英詩 7 首,《臺灣詩鈔》載維英詩 12
首,然此中相同者 4 首,二書所錄實 15 首而已。廖一瑾《臺
灣詩史》另收〈太古巢即事〉3 首,如此,則維英詩可見者 18
首矣。以下就其與儒學義理有關者論述之。

〈監國夫人詩〉:

> 三朝茶飯了生因,烈女傳中第一人;尺組捐軀原死義,
> 殉夫無恨恨奸臣![17]

維英此詩有序云;按夫人,陳永華女也;嫁鄭經長子克
壓。經在廈門,令壓在臺監國,才能剛斷。馮錫範諸奸忌之;
經卒,與經弟聰、明、智、柔等謀易位,諸壓乃螟蛉子,不
堪嗣位。謀於董國太,賺入殺之,立經次子克塽—錫範壻也。
夫人聞變,急詣國太曰:「若果螟蛉子,不堪承繼,何不早遣
歸家?不然,尚可為兵民,何故殺之?」叩首長號,請收斂。
奉飯三日,從容投繯而死。予嘉其節,故誌之。[18]克壓治國,
明毅果斷,有乃祖風,親貴皆憚,此其遇害原因之一,又牽
扯宮廷內鬥奪權之爭,賢主竟為奸臣所殺,此天不佑明鄭也。

---

[15] 同前註,頁 924。
[16] 同前註。
[17] 見《臺灣詩鈔》(臺北:臺灣銀行經濟研究室,民國 59 年,臺灣文獻
叢刊第 280 種),頁 75。
[18] 同前註。

夫人謚於柩側，與監國合葬洲仔尾，臺人哀之。連雅堂論其氣節云：「從容就義，百折不移，可以貫金石而泣鬼神者矣。[19]

〈一品夫人詩〉（四首錄三）：

父母雖生嫁即休，沈恩須向沈家酬；能知盡節便為孝，何事臨行苦死留！（之一）

三朝奉飯畢殘生，苟活何如死更榮！陳氏曾殉監國難，同時奇節冠東瀛。（之二）

奸謀（言翁）詎今何在？一品頭銜萬古名；畢竟殉身緣底事？沈家冤案不須明！（之三）[20]

維英〈一品夫人〉亦有序云：按《臺灣外記》：傅爲霖謀叛鄭事洩，扳陷懷安侯沈瑞；瑞妻，鄭斌女也。將滅沈族，斌乞赦女；克塽許之，即輿歸。夫人問何事？告之故；夫人毅然曰：「兒雖父母所生，但今日之身乃沈門之身，非父母所得愛惜也。生爲沈家婦，死爲沈家鬼足矣；莫愛兒以貽笑。」即轉身出。父母泣留，不從；遂輿回。及家，瑞與弟珽俱已賜勒死，祖母金氏亦自縊；夫人號泣曰：「太太先行，媳婦即來矣。」繼而抄其家，發配家屬。瑞之妹、大姊、三姑娘于氏、崔氏俱自縊，夫人市板悉斂之；遂絕粒，奉飯三日，從容自縊。後姚啓聖重題請封一品夫人，都統張夢吉差防禦張國柱搬諸柩入京，擇地安葬焉。[21]維英以一品夫人爲「能知盡

19　同駐 4，頁 954。
20　同駐 17，頁 76。
21　同前註，頁 75。

節」、「奇節」，一品頭銜萬古流芳，沈家冤案似亦已得雪，而奸謀（言翁）訕謝之小人，雖快意當時，然徒留千古罵名。

連雅堂《台灣通史·列女列傳》云：「變起倉卒，不事二天，慷慨相從，甘心一殉，貞烈之氣，足勵綱常，斯又求仁得仁者矣！昔子輿氏謂可以託六尺之孤，可以寄百里之命，臨大節而不可奪者，是為君子。余觀節婦所為，其操持豈有異是，惜乎其不為男子，而男子之無恥者且愧死矣。」[22]「君子無求生以害人，有殺生以成仁。」寧靖王五妃、監國夫人、一品夫人之氣節，君子人哉！君子人哉！雅堂囿於男尊女卑之俗見，竟言「惜乎其不為男子」，此何言哉？天地節烈之氣亦存乎巾幗，豈有男女之分乎？

〈癸丑八月八日，會匪激成分類，蔓延百里，誠可哀也〉：

過抑多方惱煞予，奈天降禍莫驅除！泉漳閩粵分偏合，翁婿舅甥親亦疏。（之一）

摘兵秦楚十三年，今日干戈更蔓延；塗炭生靈灰屋宇，萬民雙淚一聲天！（之二）

〈癸丑之變，兄弟俱死於難〉：

裹革沙場未幾時，來收爾骨不勝悲！封成馬鬣兄兼弟，地唱蚌珠怪且奇。飲恨難消龍目井，洗冤空對虎形陂！寒齋獨坐孤燈下，和淚揮毫暗寫詩。

〈九月十九日，朱丹園太守造盧商辦止鬥事，並囑代撰文以祭厲燮理陰陽，地方漸靖〉：

> 忽傳北海五驄驅，太守由來是姓朱；促膝蝸盧甘下問，
> 關心鴻野苦哀呼。厲壇故鬼連新鬼，文苑小巫見大巫。
> 費盡精神流盡淚，旱苗漸向雨中蘇。[23]

上引四首記癸丑（咸豐 3 年，西元 1853 年）臺地的分類械鬥事。第一、二首維英並有註。「泉漳閩粵分偏合」，維英自註：「舊泉、漳分類，茲則同安屬泉而附漳，晉、南、惠安屬閩而附粵。」可見此次分類的複雜性，與之前泉彰、閩粵分類而鬥不同，泉人有附漳者，閩人有附粵者。「翁壻舊甥親亦疏」，維英自註：「論籍故也。」分籍而鬥，親情可以不顧，荒謬至極。「構兵秦楚十三年」，維英自註：「辛酉晉、同分類，距今十三年矣。」可見此次分類械鬥時間蔓延之久，生靈塗炭，屋宇成灰。第三首言維英兄弟俱死於難，飲恨難消，收骨不勝其悲。第四首言朱太守商辦止鬥事，關心鴻野苦哀，而在費盡精神流盡淚之後，地方漸靖。分類械鬥為清代臺灣社會的重大危機現象，重傷民命與財產，當時仕宦儒生鄉紳均會為此一問題之解決，盡心盡力，嘉義縣學教諭謝金鑾之〈泉漳治法論〉，有最廣泛的討論，而其立論完全立基於儒學倫理。[24]維英兄弟死於分類械鬥，有切身之痛，身具儒學教諭及書院教席的他，是當時社會的意見領袖，頗孚眾望，觀上引詩句見維英悲天憫人及盡心費力解決此問題之精神。

---

23 同註 17，頁 77。
24 可參考註 3 所揭文。

〈噶瑪蘭仰山書院記事〉:

> 拓土開疆廿載營,版圖初入我初生。楊公始建鱣堂迥,朱
> 子重修鹿洞成。學海共源懷梓里,仰山對崎表蘭城。席前
> 地接文昌府,門下天生武庫英。枉坐虎皮談易竭,自慚馬
> 骨相難精。額增月課辛勤校,指摘雷同子細詳。養士貴無
> 寒士氣,衡人做不得人情。芭苴屏卻青氈冷,首蓿烹來白
> 水清。教重身心輕翰墨,儒先經術後科名。恐荒豚犬三餘
> 業,忍唱驪歌一曲聲。東道攀輿行且止,北郊張樂送如
> 迎。蒼蒼雲樹百回首,槐市風光夢寐縈。[25]

　　維英此詩談及仰山書院之始建、重修、地理位置、學生、
自謙濫竽教席、辛勤考課、做人態度、教學宗旨、離仰山書
院返故鄉學海書院任教諸事。仰山書院創建者乃楊雙梧太守,
重修者乃朱丹園司馬,書院與文昌宮毗連,門下文武各生俱
是精英,而己卻以馬骨枉坐虎皮,學殖頗有不足,然仍認真
考課,月原兩課而維英為增經占一課,剿襲雷同違或另列示
戒。辭餽贈,甘淡泊,此維英之做人態度。而教學宗旨為「教
重身心輕翰墨,儒先經術後科名」,庶幾能「養士貴無寒士氣」。
後家書促維英歸教子弟,卓犖亨別駕及諸紳士懇留甚切。維
英初至士民鼓吹郊迎,比歸張樂餞送,其受噶瑪蘭市民景仰
如是。

〈建醮偶感〉:

> 祭鬼供神款客疲,富家難度況貧兒。衣裳典盡飢寒至,
> 神鬼無歆客不知。[26]

---

[25] 同註 17,頁 77 至 8。
[26] 同註 6,頁 823。

孔子云：「務民之義，敬鬼神而遠之。」臺民建醮所費之靡艷，富家難以承受，何況貧兒，此風由來已久，維英觀風知俗，不能無慨。神鬼不享過度之供祀，食客宴罷即散，亦未必感念主人之恩，儒學宗教義理應廣宣化，庶幾建醮之花用能稍節制。

維英另有〈題太古巢〉及〈太古巢即事〉詩，此為晚年築室於劍潭畔，閒適之作，觀「白雲為我鎖柴扉，俗客不來苔蘚肥，欲煮新茶將葉掃，風吹詩草並花飛」之句，知其得恬淡之趣，此維英接近道家襟懷之一面。

第五節　楊克彰

楊克彰，字信夫，淡水佳臘莊人，讀書精大義。從貢生黃敬學，受《周易》，覃思鈎玄，得其微蘊。顧尤工制藝，掃盡陳言。每一篇出，同輩傳誦。光緒 13 年（西元 1887 年），以覃恩貢成均，數赴鄉闈，不售。侯官楊浚見其交，歎曰：「子文如太羹玄酒，味極醇醇，其不足以薦群祀也宜哉！故終不遇。」[27]楊浚誠知克彰也。

設教於鄉，及門數十人，四方師事者亦數十人，每社課，執筆修削，日數十篇，無倦容。以此知克彰教學之認真。艋舺黃化來具禮數千金，請設函交於燕山宗祠，不赴。或問之，曰：「吾上有老母，足以承歡，下有妻子，足以言笑。讀書課徒，足以為樂，使吾昧千金，而遠庭闈，吾不為也。」可見克彰事母之孝。

---

[27] 有關楊克彰的資料乃引用註 4 所揭書，頁 929。

　　而化來請之益堅，歲晉聘書。克彰觀其誠，乃許之。宗祠距家六、七里，每夕必歸，進甘旨，視母已寢始行，風雨無間。途中背誦所讀書，手一燈，踽踽行，里人見之，知楊先生歸也。其事母之勤有如是者。

　　克彰設教三十年，及門多達才，而江呈輝、黃希堯、謝維岳、楊銘鼎尤著。嗣為學海、登瀛兩書院監督，知府陳星聚聞其文行，欲舉為孝廉方正，辭。以此見克彰化育裁成之功，而又能不慕虛名。

　　光緒 16 年（西元 1890 年），大府議修《臺灣通志》，飭各縣開局採訪，與舉人余亦皋纂《淡水縣志》，嗣任臺南府學訓導。翌年，陞苗栗縣學教諭。苗栗初建，士學未興，竭力獎之。越數年，調臺灣縣學教諭。以此見克彰修方志之功，及歷任三府縣之「儒學」教官，其裁成之生員又加多也。

　　乙未之役（清光緒 21 年，西元 1895 年），避亂梧棲，倉皇內渡，而老母在家，每東向而望，軍事稍敉，趣歸故土，奉以行。母年已八十，居同安，未幾卒，克彰哭之慟，越數月亦卒，年六十有一。克彰「別母感慕」，其詩云：

> 十載羈宦身，經年別慈母；問安藉雙魚，奉侍賴子婦。
> 母氏多聖善，愛我情獨厚；念我微露沾，勖哉慎操守！
> 奈何歲乙未，漢家珠崖負。人心皆恐懼，紛紛皆避紒。
> 母子難俱逃，東望徒回首！感嘆每涕零，莫贖百年咎。
> 方悔不如農，猶得耕隴畝；但知菽水歡，不作牛馬走，
> 母容常彷彿，母音如出口；中視夢母來，顧盼呼某某。

誓將奉母歸，晨夕隨右；兒讀母心怡，母然兒敢否？
緬懷倚閭時，寸心復何有！[28]

此詩充分顯現克彰之孝心，亦知乙未之役之使親人母子
離散，稱其爲「詩史」未嘗不可。綜觀克彰一生，除於教育
文化之貢獻外，又以「孝」顯其名。

第六節　結論

清代的「儒學」教官乃冷署閒曹之官，在課士之暇。亦
能做出其他貢獻，可謂學校之干城，儒林之圭臬，誠儒學思
規與實踐之典範。以本文所述四位臺籍「儒學」教官爲例，
其在本職上之貢獻爲修學宮、考課生員、捐助書院、講學書
院、監理書院、編纂方志等，此其教育文化上之貢獻，在經
世濟用上的貢獻，則施世榜能興築彰化縣之農田水利工程，
陳震曜上書制府陳利弊，範圍廣包軍事戰略、地方自治及社
會治安，陳維英則平亂有功。此四人所傳詩文不多，大抵收
於方志之中，亦有學術專著，然多亡佚。而其僅存詩文作品，
亦多闡揚儒學義理。

「儒學」教官出身多方，其中亦有陞任知縣以上之官職
者，然究竟不多，在整個官僚體系中乃人微言輕之小官，屬
於「在邊緣位置奮鬥者」，而其傳播儒學之貢獻則不容小覷。
以今制比況，其職位似縣市教育局長，其業務又兼民政局之
一部分（如修護、管理孔廟、修纂方志），在中央及地方龐大

---

[28] 見同註 6，頁 936-937 及同註 17，頁 143。

的國家官僚體系中，職位及職權均不大，但無疑地，「儒學」
教官在清代社會稱得上是「社會意見領袖」,「社會文化領袖」、
「社會教育領袖」，此筆者之所以屢屢撰文研究此一「儒學教
官群體」之因也。

參考書目

《臺灣通史》 連雅堂著 台北：黎明文化公司 民國 74 年

《臺灣詩錄》 陳漢光編 台中：台灣省文獻委員會 民國 60
　　年

《臺灣詩鈔》 諸家 台北：台銀經濟研究室 民國 59 年

《臺灣詩史》 廖一瑾著 台北：文史哲出版社：民國 88 年

《續修臺灣縣志》 謝金鑾 台北：台銀經濟研究室 民國 51
　　年

《清代臺灣學校教育與儒學教化研究》 林孟輝 台南：成功
　　大學中文系碩士論文 民國 88 年

《孔學與二十一世紀國際學術研討會論文集》 台北：政大文
　　學院 民國 90 年 8 月

（原刊登《第三屆臺灣儒學研究國際學術研討會論文集》，頁 233-
254，中華民國 92 年 2 月）

第五章

在邊緣的邊緣實踐——以清代臺灣澎湖文石書院山長林豪為例的研究

第一節　前言

　　「中國（中原）儒學」與「臺灣（邊陲）儒學」的關係，如果援用中心（核心）與邊緣（邊陲）的理論，目前學界已注意及此。陳昭瑛有不少有關台灣文學與台灣儒學的論著，他以為，中心與邊陲的關係除了反應支配者與被支配者的關係之外，在政治上，「中心」常意味著老朽、權威、反動、保守等負面價值，而「邊陲」則指涉進步、改革、解放、新生等正面價值。臺灣因為地處邊陲，而受過中國其他地方人民未受過的苦難；也因地處邊陲而嘗到其他地方人民未嘗過的幸福。然而獨派一直有身在「邊陲」的極度焦慮，亟欲擺脫「邊陲」地位，以自成「中心」。陳昭瑛又認為，在文學史中作品的地位主要取決於作品本身的文學價值，與其產生於政治的中心或邊陲無絕對的關係。充斥著主體性迷思的臺灣文學論所孜孜矻矻追求的不在於和共用華文的中國文學較量，以提升自己的文學，而是在擺脫中國文學這一「中心」，自立為王，品嘗身居「中心」的「美味」。[1]陳昭瑛這裡談的雖然是「臺灣文學」，筆者大膽推論，他對「臺灣儒學」與「中國儒學」的關係的看法應該也是如此，陳昭瑛的結論是：

> 若個體作為一個部分歸屬於一個整體，與整體本身和其他共存於該整體的個體之間形成一種互為主體、互相依存、互惠互補的關係，則非但不壓抑其主體性，反而有助於其主體性的充實。[2]

---

[1] 見陳昭瑛：〈論臺灣的本土化運動〉，《臺灣文學與本土化運動》（臺北：正中書局，1998 年 4 月），頁 148-160。
[2] 見同前註，頁 158。

不同於陳昭瑛的提法，鄭志明提出了「轉邊陲為自在」的看法。鄭志明以為，位於邊陲的臺灣，在近五十年捲入中國核心的政治糾紛，可是臺灣依舊處於邊陲地帶，臺灣不是中國，臺灣就是臺灣，臺灣不可能成為中國的核心，也不必成為中國的核心，在政治上永遠是邊陲，這種邊陲的角色也不要企圖在文化上成為核心。鄭志明所謂「轉邊陲為自在」，是要脫離對核心的迷戀。有人認為臺灣可以成為中國的核心，或者成為世界的核心，這是患有著核心的自戀狂，若「轉邊陲為核心」，將使儒學困在核心的迷宮裡。臺灣儒學承認其邊陲的角色，但不妨礙其成為主體的自在性格。[3]鄭志明的結論是：

> 所謂自在性格是指文化主體可以從容地與外來文化相結合，以開放的心靈來解消各種衝突情境，讓主體文化無處而不自在。承認其邊陲的角色，就是要解消掉邊陲的悲情心態，不必向世界的核心靠攏，也不必向中國的核心靠攏，脫離了核心的意識宰制。自安於邊陲，不是偏安的心態，而是無所求於核心，以主體的自主性來迎接來自於核心的各種挑戰。[4]

本文的研究對象是清代臺灣澎湖文石書院山長林豪（1831-1918）。就中國內地言，臺灣是邊緣；就臺灣言，澎湖是邊緣。就地理空間及政治中心言，澎湖的屬性是「邊緣的邊緣」。書院不是清代的「官學」系統，雖然仍以儒學教化為其重心，但比其「府儒學」、「縣儒學」而言，在整個教育結

---

3 見鄭志明：〈臺灣儒學本土化的發展方向〉，《第二屆臺灣儒學國際學術研討會論文集》（臺南：成功大學中文系，1999 年），頁 655-679。
4 同前註，頁 674。

構中亦屬邊緣。在「邊緣的邊緣」實踐,林豪的意念中不可能有陳昭瑛式的提法,「擺脫中國這一中心,自立為王,品嘗身居中心的美味。」而倒有可能是鄭志明式的「轉邊陲為自在」,以主體的自主性來迎接來自於核心的各種挑戰。

本文也要借用歷史學及人類學中「內地化」與「土著化」的概念來分析林豪在澎湖的作為。「內地化」相當於「中原(中國)化」,亦即認同及追求清代中國政權所建制的科舉進階制度。「土著化」相當於「本土化」、「臺灣(澎湖)化」,亦即「在地認同」,林豪的「在地認同」有史學上及文學上的實踐。在政治認同及文化認同上,林豪無疑是「內地化」的,但做為一個在臺灣(澎湖)長期工作的儒家知識份子而言,林豪的「土著化」、「本土化」也是深刻的。

第二節　「雙重邊緣」處境下的實踐

澎湖在閩省東南大海之中,古荒服之地。自隋開皇中遣虎賁將陳稜略地至澎湖,其名始見於中國。宋理宗寶慶元年(1225),趙汝適《諸藩志》云:「泉有海島曰澎湖,隸晉江縣。」按此,澎湖於此時已入中國版圖,受治於晉江縣。元至元十八年(1281),於澎湖設置巡檢司,隸屬泉州同安縣,是為正式記載澎湖行政建置之開端。明洪武二十一年(1388),撤巡檢司;嘉靖四十二年(1563)復設,不久又廢。明末,海寇、倭寇猖獗活動於我國東南沿海,亦屢屢以澎湖為巢穴,荷蘭人也曾兩度占據澎湖。永曆十五年(1661),鄭成功率師在臺灣登陸,並於次年收復臺灣,後在澎湖設安

撫司。清康熙二十三年（1684）統一台灣後，澎湖屬台灣府
台灣縣，置巡檢司。雍正五年（1727），改巡檢為通判，設
置澎湖廳。[5]澎湖雖早於台灣設置行政官署，但至康熙二十三
年（1684）以後，即為臺灣行政建置的一部份，受台灣（台
南）府的管轄。台灣在建省以前為福建省之一部分，以中原
為中心，則福建為邊緣，以福建本部言，台灣又為邊緣，而
澎湖又為台灣之邊緣。

林豪《澎湖廳志·卷十一·舊事·叢談》云：

閩海四島：金門、廈門、海壇、澎湖，舊有富貴貧賤
之分。謂廈門富、金門貴，而澎湖獨以貧稱也。蓋澎
湖磽瘠無水，所種者不外地瓜、花生。中稔之年，不
免拮据；若鹹雨一下，則顆粒無存。至海濱漁利，必
風平浪靜，始能下網；而澎湖狂風，往往兼旬不息。
則所稱以海為田者，亦強為之詞，非真如耕者之按候
可穫也。夫澎湖斥滷，處處可晒鹽，而民間皆食官鹽，
每斤十餘文，或以七、八十斤為一百斤；所獲之魚，
每不足抵賈鹽之價。此外別無利可取，民安往而不貧
乎？若能聽民晒鹽自食，徵其正課釐金，既可裕國，
而民間日日獲利，每歲已驟增數萬金之益。抽其餘利
以為書院諸生膏火，則人競於學，而科第可興矣。若
能戍兵撤回，由澎地招募，則每歲驟增餉米數萬金，
相有挹注；其材武者亦有進身之階，而武途可興矣。

---

5 見盧美松：〈歷代澎湖志書的編纂〉，《中國地方志》2003 年第 2 期，
  頁 64。

一轉移間，民風丕變；即未能方駕內郡，而已頓改舊
矣。胡文忠公有言：以官養民，不如使民自養。是故
就地招募，以官養之也；聽民曬鹽，則使民自養也。
是皆萬世之利。不然，民自有可富可貴之資，而不為
經理。地瓜花生，僅足餬口，並無富強之業，年挨一
年，則亦終踽躋於貧苦而已。[6]

澎湖不只是地理上位居「邊緣」，其自然環境及天候狀
況也不佳。地磽瘠無水，所種者不外地瓜、花生。又有鹹雨。
而所稱者以海為田者，亦往往為狂風所阻。此閩海四島澎湖
獨以貧稱之故也。在「邊緣的邊緣」實踐的林豪提出「聽民
曬鹽自食」及「由澎地招募士兵」的良方，抽曬鹽之正課鏊
金餘利以為書院諸生膏火，則人競於學，而科第可興，而「澎
地澎兵」，材武者有進身之階，而武途可興。這是林豪「轉
邊陲為自在」的策略。

莊國土說：

閩南文化的基本特徵是什麼呢？相對於中原文化或福
建主體文化，閩南文化表現出明顯的邊緣型態。政治
上，閩南人從未產生過叱吒中國政壇的人物。經濟上，
除航海貿易外，閩南經濟和財政向來不為中央政權所
重視。軍事上，除鄭成功集團外，征服閩南地區的從
來多是外來者，更別提逐鹿中原。文化上，閩南區域
文化從未主導過中國社會思潮。這種邊緣狀態既是由

---

[6] 見林豪：《澎湖廳志》（台北：台灣銀行經濟研究室，1963 年 6 月，臺灣文獻叢刊第一六四種），頁 385-386。

於閩南在中華大地的邊緣，也在於中原文化在其傳播
擴展過程中，由近及遠而產生的明顯異，甚至表現為
某種程度的對立。[7]

澎湖移民多由閩南漳洲、泉州而來，這種閩南文化中明顯的
「邊緣型態」亦表現在澎湖人身上，這種「邊緣」是無法對
抗「中心」的，於是也就不可能有陳昭瑛式的「擺脫中國中
心，自立為王」的情形，而只能是鄭志明式的「轉邊陲為自
在」。

第三節　文石書院教育中的儒學價值與科舉
進階之路

澎湖原隸屬臺灣府，遠阻大洋，生童有志稽古而問道無
門，學鮮良師，致有望洋而嘆。乾隆三十一年（1766），第
十八任澎湖通判胡建偉，因貢生許應元、張綿美、監生蔡聯
輝等呈請捐創書院，以惠士林。胡建偉乃捐廉百兩，以襄眾
美，擇文澳之勝地創建焉。經始於乾隆丙戌（1766）之孟冬，
落成於丁亥（1767）之孟夏。中為講堂三楹，匾曰「鹿洞薪
傳」，中祀朱子、兩程子、周子、張子五賢。前則頭門三間，
中架為樓，樓上祀魁星之神。後為後堂三間，中祀文昌之神，
左右兩間以為山長住居之所。至於東西兩面，翼以書室各十
間，以為諸生讀書精舍。統榜曰「文石書院」。文石者，澎

---

[7] 見莊國土：〈淺析閩南人文精神的特點〉，《台灣歷史與文化論文集
（三）》（板橋市：稻鄉出版社，2000年2月），頁3。

產也。其石五色繽紛，文章炳蔚。石之文何莫非人之文也！因取而名焉。[8]

　　文石書院歷代續有翻修、增修，可查看蔣鏞《澎湖續編》、林豪《澎湖廳志》、陳知青《澎湖縣志》等方志，此非本文重點，茲不贅。胡建偉創建文石書院伊始，即賦其以儒學價值，〈文石書院落成記〉云：

> 文石者，澎產也。產於澎而重於世，此石之所以可貴也。石何以貴？以文為貴也。然文之見貴於人，亦自有辨。凡物之文，華而不實者，縱繪雲絢藻，烘染精工，而柔脆難久；實之不存，文亦何取？惟文石之文，以堅貞之質，著斑斕之耀；五色紛綸，應乎天則五緯昭，應乎地則五行位，應乎人則五常而五教彰，充實光輝，發越而不可掩。斯文之所以可貴也。君子觀此，因以得為學之道焉。夫石之由璞而發於山，如人之自蒙而就於塾也。石必擇土之良者而受之治也，如人之必擇師之賢者而從之游也。始而琢磨、繼而攻錯，久之而彫刻之形痕迹俱化，以幾於純粹以精之候；亦如學者之始而訓詁、繼而服習，久之而漸摩之至義精仁熟，不知不覺升堂入室，近乎聖賢之域，懷瑾握瑜，不亦一藝林之純璧也哉！

> 昔漢稱成子遇異人，授以文石吞之，因而明悟，遂為一代儒宗。後以授五鹿充宗，亦為通儒。噫！一文石

8　見胡建偉：《澎湖紀略》（台北：臺灣銀行經濟研究室，1961 年 7 月，台灣文獻叢刊第 109 種），頁 78-81。

也，二公獲之，俱以文顯如此。然則生於斯，長於斯，
萃山海之靈而孕奇毓瑰者，又當何如也？澎之人士，
從此居業得所，遊息有方，而無言龐爭雜之累。春夏
詩書，秋冬禮樂，以砥礪其心性，潤澤其文章，處則
為有道之士，出則為有用之儒。記曰：君子比德於玉。
豈欺我哉！行將圭璋特達，以上應當宁之求，當與夏
瑚、商璉輝映於清廟明堂之上矣。緯地經天，斯文為
至文也。石之乎哉？書院之名，因有取焉。[9]

　　胡建偉這篇文章可謂精采絕倫，也為文石書院的發展目
標定調。澎湖的特產文石可以將它與五緯、五行、五常、五
教相連結，而琢磨、攻錯、彫刻而純粹以精亦可比之於訓詁、
服習、漸摩以至義精仁熟，升堂入室，進乎聖賢之域。胡建
偉的儒學教育目標是「砥礪心性，潤澤文章，處則為有道之
士，出則為有用之儒」。為達此目標，胡建偉又自訂學約十
條，其條目為；

　　重人倫　端志向　辨理欲　勵躬行　尊師友

　　定課程　讀經史　正文體　惜光陰　戒好訟[10]

　　對文石書院有重大影響的另一人就是本文主要論述對
象——林豪。林豪，字嘉卓，一字卓人，號次逋，清福建金門
人。生於道光十一年（1831），卒於民國七年（1918），享壽
八十八歲。林豪曾三任文石書院山長，據徐慧鈺的研究這三次

---

[9] 同前註，頁 261-263。
[10] 學約全文可見註 8 頁 81-88，註 6 頁 112-120。

是同治八年（1869）至九年（1870）、光緒四年（1878）至八年（1882）、光緒十八年（1892）至二十年（1894）。[11]

　　林豪在文石書院主講期間，作〈續擬學約八條〉。[12]林孟輝〈澎湖文石書院學約析論〉一文[13]，曾將此續擬學約與胡建偉的學約十條，作一分析及比較。林孟輝將此二學約分成兩大類，製表如下：

學約 類別	胡建偉學約10條	林豪續擬學約8條
道德修養	重人倫、端志向、辨理欲、勵躬行、尊師友、惜光陰、戒好訟	禮法不可不守
	共7條，占70%	共1條，占12.5%
讀書應試	定課程、讀經史、正文體	制義不可無本、試帖不可無法、書法不可不習、經義不可不明、史學不可不通、文選不可不讀、性理不可不講
	共3條，占30%	共7條，占87.5%

　　從上表我們可以發現胡建偉之學約在「道德修養」方面的條文有七條，在「讀書應試」方面則只有三條，比例上顯然「道德修養」較多，由此可知，胡建偉在書院的教育上，較重視學子「道德修養」的層面。至於林氏之學約，作為胡氏學約之「續擬」，固然不會再重複胡氏之條文，故不能因為「道德修養」方面的條文較少，便認為林豪較不重視書院教育中的「道

---

[11] 詳細的考證可參徐慧鈺：〈林豪之澎湖經歷初探——三任文石書院山長〉，《第一屆澎湖研究學術研討會論文輯》（澎湖：澎湖縣文化局，2002年4月），頁208-215。

[12] 全文見註6，頁120-124。

[13] 此文登《〔石老〕〔石古〕石》第25期，2001年12月，頁83-103。

德修養」。然而，如果將學約的條文內容與兩者的身份作一連結分析，我們可以發現，兩篇學約所呈現的內涵與宗旨正與胡、林二人之社會身份與角色，具有內在的關連性。也就是說，身為澎湖地方的「主政者」，通判胡建偉對於書院的教育取向與要求，較重對於士習、文風社會民情的教化，故特別強調「道德修養」方面，希望透過對士子的教育起帶頭示範之作用以化民成俗。[14]

胡建偉〈捐創澎湖書院序〉云：

> 原夫書院之設，所以輔膠庠之教之所不逮也。……澎湖學隸臺郡，遠阻大洋，風聲狄聽，人無奮志，地鮮良師，實膠庠之教之所不逮也。百年以來，風氣未開，守土者豈能辭其責耶！……記曰：「能為師而後能為長。」使詩書之道廢，禮樂之教荒，而欲人人親其親、長其長，野有敦睦之行，庭無雀鼠之訟，豈可得哉？余雖學殖疏淺，不足以振起人文、儀型多士，而於化民成俗之道，則斷斷以是為當務之急也。[15]

由上述內容透顯出一位地方官勸勸懇懇以興學化民為己任的態度。而林豪從金門受澎湖通判聘來澎湖擔任書院之主講，前後共三次，其中還擔任纂修《澎湖廳志》的任務，因此林氏是以其學術專長寓居澎湖從事教育及編史的工作，而非如胡氏來澎任官職。故林氏可謂是專職之書院教師。因之，他的教學重心及關注的問題，主要在於書院學子之學習及應試方面。尤其書

---

[14] 見同前註，頁 94。
[15] 見同註 8，頁 259-260。

院在清代多普遍以習舉業應科考為取向，文石書院亦如是，所以八條學約中會有七條多圍繞在應試的讀書指導中。[16]

林豪另有〈與諸生蔡汝璧、黃卿雲論文十首〉。[17]第一首強調「立意」的重要，第二首強調「辨體」的重要，第三首強調「心到筆隨」的工夫，第四首說明為文有如「美女開奩逞艷姿」要鬥巧、翻新，第五首強調「文氣」的重要，第六首言「布局」，第七首談「取材」，第八首強調文章要經「九轉丹還」，長期醞釀，第九首說明文忌速成，第十首說明為文態度要虛心就教，因為「可知半世鑽研苦，不及名流一夕評」。

林孟輝從社會身分與角色的不同詮釋胡建偉、林豪「學約」精神之不同，不為無見。「通判」胡建偉當然以抓重點、提方向為重，「山長」林豪因實際負責教學，故重細節。筆者提出另一觀察向度，吾人從胡建偉及林豪之儒學教育主張可看出，這是他們「內地化」的呈現。

筆者此文所援用的「內地化」理論來自李國祁的研究。根據李國祁對清代臺灣政治發展史的研究，「臺灣自康熙時期歸入清帝國版圖後，雍正以降，清廷所推行的政策，則為使其內地化，其目的在使臺灣變成中國本部各省的一部份。」[18]接著他繼續闡述此種內地化過程的內容：

---

16 見同註 13，頁 95。
17 此十首詩見陳漢光編：《台灣詩路》（台中：臺灣省文獻委員會，1971年 6 月），頁 873-874。又見《臺灣詩鈔》（南投：臺灣省文獻委員會，1997 年 6 月），頁 117-119。徐慧鈺曾作分析，見同註 11，頁 221-222。
18 見李國祁：〈清季臺灣的政治近代化──開山撫番與建省（1875-1894）〉，《中華文化復興月刊》8 卷 12 期，1975 年，頁 5。

大體而言，及十九世紀中期，其（臺灣）西部已開發
地區內地化幾已完成，非僅設官分治與中國本部十八
行省相同，甚至地方官亦大多是科舉出身，社會上領
導階層已由豪強之士轉變為士紳階級。民間的價值判
斷與社會習俗均以儒家道德標準為主。[19]

李國祁在另一篇論文中，特別強調「文教制度」的內地化。
「清代臺灣社會內地化作用之產生，在人為諸因素中，以傳統
文教制度的建立，影響最大。」並且把時代上溯至鄭氏據臺時
期，「從此中華文化在臺逐漸生根成長，故就文教工作而言，其內
地化政策實肇始於明鄭時期。臺灣歸入清版圖後，此一文教內
地化趨向雖在政策上與鄭氏不相同，⋯⋯但在內涵上仍是以
中華文化為重，而在制度上幾完全與內地各省相同」。[20]

書院的建立成為內地化的一個指標，「如果書院的多寡
可代表臺地教育的發達與否以及內地化的程度，則可知臺灣
在建省以後，割日以前，這十年間應是教育最發達的時期，
亦是內地化的程度最高時期。」[21]另一個指標是科舉制度的重
視，「科舉制度的在臺發展，實意味著中華文化在此地區的發
展與成長，亦代表當時臺灣社會內地化的成功」。[22]由於這兩
個因素，「至十九世紀六十年代以後，臺灣的士紳階級業已完
全成長。⋯⋯此種社會權力結構的改變，不僅意味著臺灣社

---

[19] 同前註。
[20] 見李國祁：〈清代臺灣社會的轉型〉，《中華學報》5 卷 3 期，1978 年，
頁 148。
[21] 同前註。
[22] 同註 20，頁 150。

會的轉型，實亦表示出：從此臺灣已發展成與內地完全相同的社會，其內地化的發展已得到高度的成功」。[23]依李國祁的看法，「內地化」就是中國中央政權及傳統典章制度在臺灣這個邊疆地區的普及與擴張的過程，「內地化」就是在政治上「中國化」，在文化上「儒家化」「中華化」。

　　胡建偉是清廷派任澎湖的通判，在政治認同上「中國化」，無庸置疑。在文化認同上，胡建偉於「公餘之暇，纂輯諸儒入德之方、讀書之法、作文之式，以為模範；季課月考，人品學業，漸見成效。澎地一十餘年以來並無入泮之人，今歲試獲雋者三人，實澎湖向未曾有之事也。」[24]這是胡建偉在乾隆三十一年（1766）間說的話，對「讀書應試」非常重視。林豪〈重修文石書院落成記〉云：「澎湖徒以地瘠民樸，猶有唐魏遺風，經良有司教化栽培，皆知向學。而蔡君廷蘭崛起海隅，遂首掇甲科，以文學知名於世。」[25]蔡廷蘭（1801-1859）五歲讀書倍常童，八歲能文，十三補弟子員，興永道周凱頻行贈以詩，有「海外英才今見之，如君始可與言詩」之句，臺郡當道名流，莫不知澎湖有蔡生。道光十四年（1834）主講臺灣引心書院，十七年（1837）郡守聘至崇文書院，兼引心、文石兩書院，二十四年（1844）會試成進士，以知縣即用分發江西。[26]蔡廷蘭是澎湖唯一進士，就學於文石書院，也

23　同註 20，頁 155。
24　見同註 8，頁 80。
25　見同註 6，頁 448。
26　有關蔡廷蘭生平事蹟及著作情形可見同註 6，頁 237-239。又可見高　　啟進、陳益源、陳英俊合著《開澎進士蔡廷蘭與〈海南雜著〉》一書　　（澎湖縣馬公市：澎湖縣文化局，2005 年 10 月）。

主講於文石書院，可謂「澎湖之光」，林豪深以為榮。做為書
院山長的林豪對「讀書應試」事，更負有實際教學、指導的
職責，其著力之深自不在話下。林豪在〈續擬學約八條〉的
最後說：

> 所願士子，識此數端，為讀書之根柢，而復以通經學
> 古、課文作字各條，互相淬勵；從此日就月將，相觀
> 而善，士氣蒸蒸日上，以與中土代興，是又區區者所
> 樂觀其後也夫。[27]

儒家道德標準、書院的建立、科舉制度的重視，這是李
國祁界定的「內地化」重要指標，這是三個相互關係非常密切
的指標，我們在林豪身上發現了這種現象，做為空間上及文化
上「邊緣」的澎湖，追慕「中心」的典章制度，「在邊緣自在
的實踐」，期待有一天能「以與中土代興」。

林豪心中「以與中土代興」的最佳典範就是蔡廷蘭。《林
豪手抄本》[28]新出土，極為珍貴，足以作為本文論點之佐證。林
豪〈奉政大夫署豐城縣知縣秋園蔡先生墓誌銘〉：

> 夫珠厓荒服，瓊山以績學起家；牂牁僻區，尹珍以傳
> 經馳譽，維坤靈之甫洩，知地脈之將開。人文隨氣運
> 而生，鬱久必發；豪傑豈時俗能囿，鳴自驚人，吾於
> 秋園先生見之矣。⋯⋯。銘曰：

---

[27] 見同註 6，頁 124。
[28] 《林豪手抄本》為高啟進等人在古物市場尋得，現藏澎湖縣文化局，
未刊。此史料之訊息，承陳益源教授及匿名審查委員之善意提醒，謹
此致謝。

133

> 泱泱東海，寶氣所鍾，必有奇士，挺生其中。
> 矯矯蔡公，人中之驥，早擢巍科，出為名吏。
> 我生已晚，敬謁德門，搜牢遺集，瓣香猶存。
> 翼翼名區，芳躅斯在，流澤孔長，絕絕未艾。[29]

林豪〈募刻蔡香祖先生惕園遺詩公啟〉：

> 先生才由天植，學自少成，七歲能文，十三遊泮，為
> 鉅公所器，膺拔萃之科，固已負青冥，標白望矣。已
> 而長安走馬，破絕島之天荒，章水飛鳧，為名區之循
> 吏。……樹台海騷壇之幟，倡澎瀛風雅之宗，不亦地
> 以人傳，而名因集重耶！[30]

　　像蔡廷蘭在邊緣的邊緣自在地實踐，終能「鬱久必發，鳴
自驚人」，終能「破絕島之天荒，為名區之循吏」、「地以人傳」。
林豪是地區型的教育人士，不是澎湖儒學的代表，但作為文
石書院的最後一任山長（曾三度為山長），對他的前輩山長（蔡
廷蘭亦曾為文石書院山長），不勝其敬佩之情！「天之降才，固
不以地而限，特患人之不自奮爾」[31]澎湖絕稱不上是「海濱鄒
魯」，但也能孕育像蔡廷蘭這樣的「奇士」。

---

29 此處引自高啟進〈開澎進士蔡廷蘭（1801-1859）〉，高啟進、陳益源、
　　陳英俊合著《開澎進士蔡廷蘭與〈海南雜著〉》，頁 21-23。
30 此處引自同前註高啟進文，頁 77-78。
31 此為連橫語，見《雅堂文集》第一冊，收於台灣文獻叢刊第 208 種
　　（台北：台灣銀行經濟研究室，1964），頁 43。

第四節「在地認同」的史學實踐——
《澎湖廳志》的修撰

本文第四、五兩節,筆者要援用陳其南的「土著化理論」,陳其南說:

> 這一個概念就是把初期的漢人移民社會當作是中國大陸傳統社會的連續或延伸,移民社會的性質就是原傳統社會移殖或重建的過程。但移民社會在經過一段時間之後即經土著化過程轉化為土著社會。而土著社會的特徵則表現在移民本身對於臺灣本土的認同感,不在一味地以大陸祖籍為指涉標準。換句話說,在意識上由「唐山人」、「漳州人」、「泉州人」、「安溪人」等等概念轉變為「臺灣人」、「下港人」、「南部人」、「宜蘭人」等等。或在血緣意識及祖先崇拜的儀式上不再想「落葉歸根」,或釀資返唐山祭祖或掃墓等等,而重新肯定臺灣這地方才是自己的根據地,終老於斯,並且也在臺灣建立新的祠堂和祭祀組織,逐漸地從大陸的祖籍社會孤立出來,而成為一新的地緣社會。[32]

清代儒學教官、書院講席山長多有修撰方志的功績,筆者以為這是「在地認同」的史學實踐。林豪在臺灣,不但寫成了一部《淡水廳志續稿》,同時又編纂了另一部《澎湖廳志》,而這廳志是林豪的上乘作品。從同治到光緒初年的十多年間,林

---

[32] 見陳其南:《臺灣的傳統中國社會》〈第六章論清代漢人社會的轉型〉（台北:允晨文化公司,1989 年 1 月）,頁 157-158。

豪對各地方治的編纂是用力甚勤的。他在同治六年（1867）完成了淡水廳志的《續稿》，十三年（1874）又繼承父志，修完《金門志》，到他在光緒四年（1878）再修《澎湖廳志》時，他確實已是方志專家了，經驗相當豐富，後出的作品必然比早期的為佳。[33]《澎湖廳志》之完成則要到光緒十八年（1892），其付梓則在二十年（1894）。林豪曾撰凡例洋洋四千餘言，在清代臺灣方志中實為絕無僅有之作品，陳捷先評之云：

> 平心而論，這二十八條例言，小疵處雖未能盡免；然論其大體，畢竟是有用的言論為多。例如他說修志要「因時因地以立說」、「分野之說，據訟紛紛，即考據至精，何裨實用？」，又以「區區小島，有何天文可談？」乃「汰天文一門」。以及他認為台灣建置沿革，不可刪明鄭史事。對於明代遺臣不可加以「偽」字。又論風格，不分善惡，「宜據實直書」。還有說道志之寫作，不可「全錄案牘如冊檔」等等，都是寶貴的經驗之談，且為高明之論。尤其一部志書的作修，因時因地，或以修志人的興趣不同，義例取捨之間，自然各有不同；如果沒有凡例作為說明，閱讀的人，必定很難知其原因所在。[34]

盧美松則認為《澎湖廳志》有五個突出特點。一是注重原始資料，大量採納前此所編修的台灣地區史志或前人所撰有關台、澎地區的資料（詩文、雜記）。二是深入調查采訪。三

---

[33] 見陳捷先：《清代台灣方志研究》、〈五、清季台灣方志的發展〉（台北：學生書局，1996年8月），頁162。
[34] 見同前註，頁176。二十八條凡例則見頁169-176。

是勇於考訂，善於注釋，或附於各條志文之後，或以小註夾附於行文內。四是對涉及國計民生、政經大事者，或引前人之論，或述個人見解，拳拳致意，以引起讀者注意或供執政者參考。五是作者闡明的修志直書原則，也很有道理。林豪說：「載筆所以傳信，非一人一時之文，天下後世共之。」「地志，官書也，以存一方掌故，以示千秋鑒戒。」強調「凡積習稍偏及利病所係，宜據事直書，使閱者有所考證，為張弛補救之一助。」[35]

「在地認同」的史學實踐，在發潛德之幽光，在補積習之偏病。林豪是金門人，但在近十年的文石書院山長任職期間，在長期投入修撰《澎湖廳志》期間，他比澎湖人還澎湖人。又，《澎湖廳志·卷十四·藝文》著錄「彰化人」黃瑞玉、「臺灣人」陳輝、「本廳人」呂成家、辛齊光、王雲鵬、蔡廷蘭等人的作品及著述書目，由此可知，此時「臺灣人」·「澎湖人」等本土意識已經成熟，即陳其南所稱「土著化」已經完成，逐漸地從大陸的祖籍社會孤立出來，而成為一新的地緣社會。筆者以為，「在地認同」也是「土著化」的一個重要指標。

林豪在文石書院裁成的學生，其最明顯的「在地認同」是參與《澎湖廳志》的修撰。據《澎湖廳志》載，他們是，協修：候選訓導蔡玉成（本廳人）。採訪總校：大挑教諭署臺灣府學教授郭鶚翔（本廳舉人）：增廣生陳維新（本廳人）、廩膳生薛元英、生員徐癸山。採訪分校：候選訓導許占魁（本廳人）、廩膳生陳雁標、廩膳生許棻、廩膳生洪朝陽、生員洪捷元、林維藩、洪純仁、許晉纓、蔡時文、李煥章、許家修、陳徵湖、陳錫命、鄭祖年、呂作甘、陳精華、高攀、劉承命、黃文衡、許

35 見同註 5，頁 66。

樹林、洪清奇、黃欽明。澎湖人修澎湖史，澎湖人採訪澎湖人
與澎湖事，這種田野調查工作可以做得很確實，也是愛鄉梓的
具體表現。

第五節 「在地認同」的文學實踐——林豪 詩歌中的澎湖景象

　　林豪有〈澎湖弔古歌〉一首，共六十六句，茲節錄如下：

　　鷺門老將昔傳兵，十道戈船拜表行；橫海百年開樂土，
乘風一戰下東瀛。瀛壖鐵線環堅壘，更倚澎湖為脣
齒。……建牙賜姓威名赫，壯歲星沉咸悼惜。宮闈喋
血良臣亡，嗟哉天心真莫測！燕雀安知廈欲傾，惟有
劉郎習戰爭；跨海遠防蛇嶼口，習流嚴列水犀兵；自
謂金湯千里固，誰能飛渡越長城！罡風一夕捲海立，
金錢豹子揮戈入；鵝鸛聲喧貝闕搖，飛天鼠落洪濤
泣！……八罩泉甘士氣騰，吼門潮漲巖疆失；從此東
瀛不復支，鯤身一片出降旗。宿將健兒多解甲，誰能
阻險且相持！採薇歌罷事畢矣，留得幾莖頭髮耳。眼
看軍前儘乞生，五妃而外誰男子？天氣將開海外洲，
鼾聲臥側那能留！聖朝寬大真無外，歸命還叨關內
侯。……此地滄桑感廢興，夕陽故壘弔田橫。惟有忠
魂消未得，年年嗚咽怒潮聲。[36]

---

36 見《臺灣詩錄》，頁 881-882。

這首詩寫明鄭的興亡，屬七言古體詠史詩。「金錢豹子」句，林豪自註：施琅得罪鄭氏，匿廈門港亂石中；有老人云：此金錢豹子逃難也；見周凱《廈門志》。「飛天鼠落」句，林豪自註：澎軍之善登桅者，躍入先鋒船，為藍理所斬。「吼門潮漲」句，林豪自註：國軒由吼門遁回臺，遂主降。明鄭恃澎湖以取臺灣，後又因兵敗澎湖而失臺灣，澎湖戰略地位之重要，可見一斑。

林豪有〈澎湖奇石歌〉一首，共五十句，茲節錄如下：

> 西瀛碧海奇所鍾，琪花鐵路森珠宮；紅溝黑溝鬱光怪，稜稜石骨波濤舂。天生神物不久祕，物色誰向風塵中！……澎人最喜稱文石，目前玩好競珍惜；惜哉年久骨不堅，徒有其事無其實！可憐此石差足尚，曾在晶宮永寶用；一從真識拂塵埃，玲瓏骨格留圓相。……但取其瑜匿其瑕，未必一拳非國器；嶔崎盤鬱不求知，勿使路側長廢棄！若歌攻玉向他山，定有瑰材不脛至；磨礱砂礫發光華，有時鐘鼎堪位置。石乎爾今得所與，寵以席珍堪賀汝！必逢佳士亦心傾，惟有石交共千古。古來名物幾廢興，千斤萬鎰須品評；安得鬱林船上客，更增金石錄中名！[37]

這首詩寫澎湖的特產文石，屬七言古體詠物詩。「文石書院」以此為名，胡建偉論之甚詳。和胡建偉一樣，林豪此詩也有所寄託，「嶔崎盤鬱不求知，勿使路側長廢棄！」雖在「邊緣的邊緣」實踐，但也希望有被「中心」聽聞的一天，「磨礱

---

[37] 見《臺灣詩錄》，頁 877-878。

砂礫發光華，有時鐘鼎堪位置。」就像澎湖的唯一進士蔡廷蘭，
為臺郡當道名流所器重，為周凱所讚賞，「更增金石錄中名」，
林豪蓋有寄望於諸生者。

林豪有〈澎湖大風行〉一首，茲錄之如下：

> 大風匝月不肯止，白浪如山險莫比！賈航卻顧未敢前，
> 連朝米價隨潮起。向也買米那得錢，今也有錢苦無米；
> 汛舟之役今所稀，何況箕伯來張威。千畦掃盡無餘枝，
> 千帆阻絕行難期；長官有惠何所施！嗚呼！長官之惠
> 遠莫致，大風且霾陰晴暄，婦孺躑躅啼路隅；仰視沉
> 沉天欲醉，少焉空中鹽撒矣。[38]

林豪有〈鹹雨嘆〉一首，茲錄之如下：

> 噫嘻乎悲哉！狂風刮浪吹為颮，麒麟之颶挾火來；青
> 青草樹變焦赤，四野得雨翻成災。想是雨師經此土，
> 下視閭閻淚如雨；懸知今歲縱有秋，也把脂膏付苛虎。
> 不如一夜掃而空，使爾狼吞氣為阻。吁嗟乎！狼吞之
> 氣當愧沮，奈此哀鴻集何所！[39]

這兩首詩寫澎湖的自然環境，均屬七言古體。澎湖空間上
的「邊緣」及政治文化地位的「邊緣」還可以透過人為制度的
努力，謀求改善，自然環境的惡劣人力則毫無著力點。〈澎湖
大風行〉寫大風讓舟航不通，米價騰漲，甚且有錢買不到米，
導致「婦孺躑躅啼路隅」之慘況。〈鹹雨嘆〉寫鹹雨讓「青青

---

[38] 見《臺灣詩錄》，頁 875。
[39] 見《臺灣詩錄》，頁 875-876。

草樹變焦赤，四野得雨翻成災」，詩後半部詩意一轉，想像這是雨師憐憫黎民縱使年收豐熟，也將盡付苛吏，不如一夜掃成空。如狼吞如苛虎的酷吏自當愧沮，奈何哀鴻遍野、不得其所有誰憐？這是林豪苦民之苦，急民之急控訴虐政的詩作，表現其悲天憫人的人道關懷。

林豪有〈新增澎湖四景和鮑吉初別駕〉四首：

絕島潮迴夜色清，滿船風月釣竿輕；細鱗巨口誰分得，為有波心一點明。(〈篝火宵漁〉)

一輩田頭自負箕，爭從牛後誘童兒；蠢然不解枯桐韻，也管人家竈下炊。(〈負箕晨牧〉)

澤畔離離露未乾，短鑱細細劚應難；天涯未必無香草，收拾筠籠仔細看。(〈短鑱劚草〉)

伐鼓聲喧遏怒流，迢迢韻落海天秋；老漁雅有仁人意，故遣窮鱗識避鉤。(〈搥鼓毆魚〉) [40]

這四首七言絕句寫澎湖漁牧生活情況，所謂「以海為田」，亦有小規模的放牧及農業。中二首有田園牧歌情調，第一首〈篝火宵漁〉及第四首〈搥鼓毆魚〉，意境頗高，澎湖漁民的生活，在林豪筆下似乎也有一種浪漫。

上述林豪的澎湖詩歌，分別寫澎湖的歷史、澎湖的特產、澎湖的自然環境及農漁牧社會生活。方志的修撰是全面地對該地區的瞭解與記述，所謂「一方之全史」，亦即一地的百科

---

[40] 見《臺灣詩錄》，頁 878-879。

全書，而詩歌的創作，則以感性的筆觸，抒發對斯土斯民的愛與認同。林豪是金門人，不是澎湖人，他在澎湖大約停留近十年，後來並沒有定居澎湖，但他對澎湖所做的教育文化貢獻，至今為人所歌頌，長留澎湖地方史頁。

第六節　結論

　　「中心」與「邊緣」有可能互換，但大多數的「邊緣」卻不可能躍居「中心」，不追求「轉邊緣為中心」不是沒有志氣，而是對現實的理性評估。在「邊緣的邊緣」想要變成「中心」，其難度更高。林豪在澎湖文石書院的實踐，自覺或不自覺地「轉邊緣為自在」，「轉邊緣為自在」的努力有最草根的價值，最貼近土地與人民的心靈。但「邊緣」並不排斥「中心」，儒學道德標準、書院制度、科舉制度這些「內地化」的指標，是「中心」向「邊緣」擴展的「上層建築」，「邊緣」也樂於接受，並期望有一天少數的「邊緣」也有機會躍居「中心」，像澎湖的唯一進士蔡廷蘭那樣。另外，「邊緣」也逐漸地有一種「土著化」的過程，那是立根於斯土斯民的「在地認同」。林豪「在邊緣的邊緣」實踐，自在又自得，兼具「內地化」與「在地認同」，闡揚儒家道德理想，也積極準備讀書應試，這是「在邊緣的邊緣」最好的戰鬥位置。

（原刊登《成大中文學報》第十三期，頁 195-214，2005 年 12 月）

國家圖書館出版品預行編目資料

循吏、山長、教官：清代臺灣儒學人物論／林耀潾　著
—初版—
臺中市：天空數位圖書　2024.03
面：17*23 公分
ISBN：978-626-7161-90-6（平裝）
1.CST：儒家　2.CST：儒學　3.CST：人物志
4.CST：清代　5.CST：臺灣
121.2　　　　　　　　　　　　　　　　113003389

書　　　名：循吏、山長、教官：清代臺灣儒學人物論
發　行　人：蔡輝振
出　版　者：天空數位圖書有限公司
作　　　者：林耀潾
美工設計：設計組
版面編輯：採編組
出版日期：2024 年 3 月（初版）
銀行名稱：合作金庫銀行南台中分行
銀行帳戶：天空數位圖書有限公司
銀行帳號：006–1070717811498
郵政帳戶：天空數位圖書有限公司
劃撥帳號：22670142
定　　　價：新台幣 330 元整
電子書發明專利第　Ｉ　306564　號

服務項目：個人著作、學位論文、學報期刊等出版印刷及DVD製作
影片拍攝、網站建置與代管、系統資料庫設計、個人企業形象包裝與行銷
影音教學與技能檢定系統建置、多媒體設計、電子書製作及客製化等
TEL　：(04)22623893　　　　MOB：0900602919
FAX　：(04)22623863
E-mail：familysky@familysky.com.tw
Https：//www.familysky.com.tw/
地　址：台中市南區忠明南路 787 號 30 樓國王大樓
No.787-30, Zhongming S. Rd., South District, Taichung City 402, Taiwan (R.O.C.)